CHINE

GRÜND

Remerciements

Maquette : Sue Storey
Photos faites spécialement pour cet ouvrage : James Murphy
Préparation des plats : Dolly Meers
Styliste : Sarah Wiley
Dessins : Alison Wisenfeld

Les éditeurs tiennent à remercier les personnes et organismes suivants qui les ont autorisés à reproduire certaines des illustrations de cet ouvrage :
Octopus/Martin Brigdale : pages 12, 16-17, 22, 25, 26, 29, 36, 42, 43, 45, 55, 59, 61 ;
Octopus/Robert Golden : pages 13, 35, 41, 57 ; Octopus/Melvin Grey : pages 19, 21, 31, 32 ;
Octopus/Pete Myers : pages 14, 48, 53, 62-63 ; Susan Griggs/Protofile : page 5 ;
Zefa Picture Library : page 7

Adaptation française d'Isabelle Macé

Première édition française 1988 par Librairie Gründ, Paris
© 1988 Libraire Gründ pour l'adaptation française
ISBN : 2-7000-6460-7
Dépôt légal : avril 1988
Édition originale 1987 par Octopus Books Ltd
© 1987 Octopus Books Ltd
Photocomposition : Marcel Bon, Vesoul
Imprimé par Mandarin Offset Hong Kong
Distribution : UNIMEX Co (46.80.92.93)

GARANTIE DE L'ÉDITEUR
Pour vous parvenir à son plus juste prix, cet ouvrage a fait l'objet d'un gros tirage.
Malgré tous les soins apportés à sa fabrication, il est malheureusement possible
qu'il comporte un défaut d'impression ou de façonnage.
Dans ce cas, ce livre vous sera échangé sans frais.
Veuillez à cet effet le rapporter au libraire qui vous l'a vendu ou nous écrire
à l'adresse ci-dessous en nous précisant la nature du défaut constaté.
Dans l'un ou l'autre cas, il sera immédiatement fait droit à votre réclamation.
Librairie Gründ - 60, rue Mazarine - 75006 Paris

Sauf mention contraire, toutes les recettes sont pour 4 personnes

Page précédente : canard laqué (page 50)

Sommaire

Produits chinois	8
Menus	11
Soupes et entrées	12
Riz et pâtes	20
Légumes	24
Viande	30
Poisson et fruits de mer	40
Volaille	50
Desserts	60
Index	64

CHINE

La Chine est un pays immense ; à la diversité des climats répond une cuisine très variée. Quoique les différentes cuisines se soient mêlées ces dernières années, la plupart des régions gardent encore leurs particularismes. On peut distinguer quatre types de cuisine :

La cuisine orientale (Jiangxi Fujian) est celle de Chang-Hai. Elle est originaire du bassin inférieur du Yang-tsé et des provinces de Jiangxi et Fujian. Cette région, l'une des plus fertiles de la Chine, est aussi appelée « Terre du poisson et du riz ». Elle est célèbre pour ses pâtes et ses beignets ainsi que pour sa gastronomie qui associe subtilité des parfums, douceur des goûts et présentation exquise.

La cuisine du Sud est celle du Guang-Dong et de sa capitale, Canton, bien qu'il soit possible de distinguer plusieurs styles régionaux différents. Cette terre riche produit ce qui est certainement le joyau de la cuisine chinoise, même si certaines gargottes occidentales servant des plats hybrides ont terni sa réputation. La cuisine cantonaise s'attache à faire ressortir au mieux la saveur naturelle des aliments.

La cuisine occidentale, celle du Sichuan, est particulièrement parfumée et épicée. Les pays occidentaux ne l'ont découverte que récemment et elle reste peu connue. La province voisine d'Hunan, avec ses plats poivrés, s'en rapproche beaucoup.

La cuisine du Nord (Pékin, Shandong et Henan) n'est peut-être pas la meilleure, mais c'est certainement la plus ancienne de l'art culinaire chinois, car elle est originaire du bassin du fleuve Jaune, berceau de la civilisation chinoise. Pékin étant la capitale de la Chine depuis de nombreux siècles, elle a adopté les meilleurs plats de chaque région tout en développant sa propre cuisine.

Verdure luxuriante et fleurs épanouies à Chang-Hai, capitale de la gastronomie orientale

CHINE

CHINE

L'art de la cuisine chinoise
L'art de la cuisine chinoise n'a rien de mystérieux : une fois acquis quelques principes de base, vous constaterez que vous pouvez préparer des plats authentiquement chinois sans utiliser nécessairement des ingrédients exotiques et difficiles à trouver. Le mélange harmonieux des goûts, des textures, des formes et des couleurs, demeure l'une des caractéristiques fondamentales de la cuisine chinoise.

Les principaux ingrédients utilisés pour assaisonner et rehausser la subtilité des saveurs sont la sauce soja, le vin de riz (du vin blanc sec ou demi-sec le remplace très bien), le sucre, le vinaigre, le gingembre frais, l'ail et les ciboules. Les poivrons et les piments sont parfois utilisés, mais avec discrétion, pour soutenir le goût des aliments sans le dominer. La maïzena (ou l'arrow-root) est utilisée avec modération pour épaissir les sauces et enrober la viande, particulièrement lorsqu'elle est coupée en minces lamelles, car elle aide à préserver goût et tendreté. En Chine, on associe très souvent des goûts différents, afin de donner au plat des saveurs contrastées et favoriser le mélange des divers ingrédients. Chaque élément du plat agit comme agent d'assaisonnement, donnant un peu de son parfum aux autres ingrédients. Il est donc important de les choisir avec soin pour créer des contrastes harmonieux.

Chaque plat d'un repas chinois doit comprendre au moins deux des textures suivantes : tendreté, croustillant, croquant, moelleux et douceur. Ces textures ne peuvent être obtenues que par les méthodes de préparation et de cuisson correctes. Les ingrédients à sauter dans le wok (grande poêle en fonte), par exemple, sont coupés en petites tranches ou en lamelles pour qu'une surface maximale soit exposée et qu'ils cuisent rapidement.

La fraîcheur des aliments est également primordiale : les légumes doivent être cueillis à l'aube, ou idéalement juste avant la cuisson ; les viandes ne sont jamais faisandées ; la volaille et les poissons sont toujours achetés vivants. Pour les Chinois, une perte de fraîcheur est une perte de goût. Ainsi, le principal ingrédient du poulet rouge (page 59) est le poulet, qui doit être blanc et tendre. Les champignons (doux et de couleur foncée) et les carottes (croquantes et orange) sont utilisés pour enrichir la gamme des textures et des couleurs du plat. Une garniture de coriandre fraîche ajoute un contraste de couleur et un parfum supplémentaires. Cette combinaison, avec l'addition d'autres aromates, fait du plat une expérience exceptionnelle pour le palais. Or, tous les ingrédients utilisés se trouvent facilement dans un supermarché ou une bonne épicerie.

Méthodes de cuisson
Les méthodes de cuisson chinoises sont très simples, mais les aliments doivent être préparés avec soin. La plupart des ingrédients sont coupés en très petits morceaux ; ils cuisent donc très rapidement et gardent ainsi leurs saveurs naturelles. Les Chinois attachent une grande importance aux diverses techniques de coupe et utilisent autant que possible des tranches et lamelles de mêmes dimensions.

Pour couper en allumettes : coupez en tranches, puis empilez-les comme un paquet de cartes et coupez verticalement en fines bandes de la taille d'une allumette.

Pour couper en dés : coupez en bandes aussi larges qu'épaisses, puis coupez à angle droit à intervalles réguliers pour obtenir des cubes (généralement d'un centimètre de côté).

Pour hacher : passez au hachoir fin.

Pour couper en forme de losange : (légumes tels que carotte et céleri) faites une coupe en diagonale à intervalles réguliers sur toute la longueur du légume. Pour des triangles, faites une seconde coupe en diagonale, à angle droit de la première.

Pour découper une volaille : utilisez un couperet lourd pour obtenir une coupe nette des os et de la chair.

La méthode habituelle pour couper un poulet est la suivante : coupez le croupion et jetez-le ou, s'il doit être servi, coupez-le en deux. Enlevez les deux ailes, puis les pattes et les cuisses. Séparez le blanc de l'os. Divisez le blanc en deux, puis coupez chaque moitié en trois ou quatre morceaux. Coupez chaque aile en trois morceaux, chaque patte et cuisse en cinq morceaux.

Les viandes sont souvent marinées. Du sel, du blanc d'œuf et de la maïzena sont généralement utilisés pour le poulet et le poisson ; de la sauce soja, du sucre, du vin et de la maïzena pour la viande.

Les méthodes de cuisson peuvent être divisées en quatre catégories : à l'eau (eau bouillante ou à petit feu) ; à la vapeur ; à l'huile (friture et braisage) ; au four ou au barbecue.

La chaleur détermine le temps de cuisson, qui varie beaucoup selon la dimension des ingrédients, le type de cuisinière et les ustensiles utilisés. Les temps donnés dans les recettes constituent donc un guide et non une règle stricte.

Matériel de cuisine
Le wok chinois est une poêle conique avec un fond bombé généralement en fonte, qui conserve grâce à sa forme une chaleur intense et régulière durant la cuisson. Les ingrédients ont également tendance à revenir au centre, même si vous les remuez avec vigueur.

Un wok peut être utilisé sur la plupart des brûleurs à gaz. Les cuisinières électriques conviennent moins bien, parce que la chaleur ne peut pas être réglée aussi facilement. Si vous n'avez pas de wok, utilisez une poêle à fond épais, ou une friteuse.

Le wok est idéal pour faire sauter rapidement les aliments, méthode largement utilisée en Chine : on chauffe le wok à feu vif, puis on y met une petite quantité d'huile végétale ou de saindoux (le beurre ou la graisse de cuisson sont à proscrire). Lorsque l'huile fume, on ajoute les ingrédients que l'on remue rapidement. Le temps de cuisson doit être court afin que les aliments ne soient pas brûlés ou transformés en mélange pâteux. Lorsque la cuisson est correcte, les aliments restent croquants et bons à la santé. On ajoute parfois un peu d'eau, mais en général la viande et les légumes cuits à feu vif produisent suffisamment de jus. Lorsqu'un plat combine plusieurs ingrédients, chaque ingrédient est généralement cuit séparément puis mélangés aux autres pour le dernier stade de

CHINE

Les Chinois savent dès leur plus jeune âge manier les baguettes avec dextérité.

cuisson. Chaque saveur est ainsi préservée.

Après la cuisson, rincez le wok avec soin à l'eau chaude pour empêcher qu'il ne conserve un goût. Les woks en fer doivent être séchés immédiatement pour éviter la rouille.

Comment servir les plats chinois

L'harmonie préside au choix du menu ; il est donc important de sélectionner des plats qui se complètent tout en formant un contraste de goûts, de textures et de couleurs. Pour quatre à six personnes, le repas comprendra trois plats principaux et une soupe, alors que quatre plats suffiront pour six à huit personnes. Plus le nombre de convives est élevé, plus la variété doit être grande. Pour une seule personne, prévoyez au moins deux plats cuisinés pour donner un contraste, ou choisissez un plat avec deux ingrédients différents. Un repas comprend un ou plusieurs plats cuisinés ainsi que du riz ou de la semoule sous forme de beignets ou de pâtes. Ces céréales sont un aliment de base et tout l'art de la cuisine chinoise consiste à sélectionner les plats qui l'accompagneront.

Les recettes de ce livre sont conçues pour quatre personnes, sauf mention contraire. Les Chinois servent rarement un plat individuel à une personne ; tous les plats placés sur le table sont partagés. Toutefois, lorsqu'on sert du Chow Mein (Nouilles frites) ou un bol de soupe aux nouilles par exemple on donne alors à chaque personne une portion individuelle. C'est la seule exception à la règle.

Les boissons

En Chine, on boit du thé pratiquement toute la journée, mais très rarement pendant le repas. Une soupe est généralement servie durant tout le repas pour accompagner les plats mais le vin et les liqueurs ont un rôle essentiel lors des repas de fête. Les Chinois, experts en cuisine, sont remarquablement peu connaisseurs en boissons alcoolisées, à l'exception de quelques vrais amateurs. Dans l'ensemble, ils ne font pas de distinction entre le vin fermenté, à basse teneur en alcool, et les spiritueux distillés. Dans le vocabulaire courant, le terme *chiew* signifie toute boisson alcoolisée, y compris la bière. De nombreux Chinois boivent du whisky et du cognac avec le repas en guise de vins de table.

Curieusement, beaucoup d'Occidentaux semblent penser que le vin de table et les mets chinois ne vont pas ensemble. Ne vous sentez pas obligé de boire uniquement du vin blanc ; vous pouvez tout à fait en servir au début du repas, puis continuer avec du vin rouge, un Beaujolais par exemple, un Mâcon léger et fruité, un vin rouge de Loire (Chinon, Bourgueil, Sancerre rouge, Saumur-Champigny), d'Italie, (Valpolicella, Bardolino) ou encore d'Espagne (Rioja).

Pour les personnes qui préfèrent ne pas boire de vin avec des plats chinois, on peut servir une bière légère bien fraîche. À la fin du repas, apportez une touche authentique en servant du thé de Chine ou au jasmin sans sucre ni lait ; c'est une boisson extrêmement rafraîchissante.

Menus et coutumes

La façon dont les repas chinois sont servis étonne souvent les Occidentaux, en partie du fait que l'ordre dans lequel les plats sont apportés est très différent de la coutume occidentale qui veut qu'on ne serve pas en même temps de la viande et du poisson.

Un repas traditionnel chinois obéit à un rite soigneusement étudié, basé sur le concept culturel chinois du Yin et du Yang selon lequel l'harmonie provient de l'équilibre parfait des contraires ; il ne s'agit pas d'éléments irréconciliables mais complémentaires. Par conséquent, l'ordre dans lequel les différents plats sont servis dépend davantage de la méthode de préparation et de cuisson des ingrédients que de la nature même des aliments.

Du fait qu'un repas chinois comporte plusieurs plats, les repas ont toujours eu un caractère familial ou convivial. C'est la meilleure façon d'apprécier la cuisine chinoise, car ne c'est qu'ainsi qu'on peut savourer une grande variété de plats. Les tables individuelles étaient inconnues en Chine jusqu'à une époque récente car un repas chinois comporte plus de plats chauds que de plats froids, qu'on apporte en même temps. Les plats ne sont servis séparément que lors des réceptions ou banquets.

CHINE

Produits chinois

Agar-agar : fabriqué à partir d'algues, disponible sous forme de lanières translucides ou de poudre. L'agar-agar est incolore et inodore et une petite quantité suffit pour transformer en gelée un gros volume de liquide. De la gélatine en poudre peut être utilisée comme substitut pour les non-végétariens. Quatre cuillères à soupe de gélatine équivalent à 25 g d'agar-agar.
Algues : les Chinois utilisent en cuisine différents types d'algues, comme le varech, généralement avec d'autres légumes dans des soupes. Elles doivent être trempées dans de l'eau avant emploi, au moins 20 minutes, mais de préférence toute la nuit, et être bien rincées avant et après le trempage.
Champignons de Chine : champignons lisses de forme ovale, vendus en boîtes, qui ajoutent une saveur et une consistance spécifiques aux plats chinois.
Champignons noirs : champignons qu'on trouve en France sous forme séchée ou marinée. Ils doivent tremper dans l'eau s'ils sont séchés afin de retrouver leur croquant et leur aspect chiffonné.
Champignons parfumés : les champignons chinois sont vendus dans des emballages plastiques dans les épiceries de produits orientaux. Ils sont très parfumés et se conservent presque indéfiniment dans un récipient hermétique. Ils ont un goût très différent des champignons frais. Laissez tremper dans de l'eau tiède pendant 30 minutes, jetez les queues dures avant l'emploi. Les champignons ordinaires ne les remplacent pas.
Châtaignes d'eau : tubercule d'une plante aquatique, dont la coque brune cache une pulpe blanche et craquante. Les châtaignes d'eau en boîte sont déjà épluchées. Une fois ouvertes, on peut les conserver dans de l'eau deux semaines dans le réfrigérateur.
Cinq-épices : mélange aromatique comprenant anis étoilé, fenouil, clou de girofle, cannelle, poivre du Sichuan. Il est vendu en sachets dans certaines épiceries spécialisées. On l'utilise pour assaisonner les viandes et la volaille rôties ou cuites à la sauce rouge. Son goût est intense. Ces épices peuvent être achetées séparément ou déjà mélangées. Conservez-les dans un récipient bien fermé.
Condiments au vinaigre (pickles) : le pickle d'hiver (chou salé) qui est de couleur brun-vert, légèrement salé, est vendu en pots. Le pickle des neiges (feuilles de moutarde salées) est de couleur verdâtre et il a un goût un peu aigre. Le pickle épicé du Sichuan (chou-fleur) craque sous la dent ; il est jaune-vert, fort et salé. Ces condiments se cuisent avec la viande et avec des légumes qui n'ont pas de goût prononcé. Il faut bien les rincer avant emploi.
Coriandre : cette herbe est parfois appelée persil chinois, quoique son goût et son arôme soient plus prononcés que ceux du persil que nous connaissons. Les feuilles de coriandre sont le plus souvent utilisées pour garnir les plats de poulet et de poisson. Cette herbe est vendue dans les épiceries chinoises et chez les bons marchands de légumes. Elle peut être remplacée par du persil commun.

Fleurs de lis jaune : ce sont des bourgeons séchés, de couleur jaune d'or, de consistance craquante. Faites-les tremper dans de l'eau avant de les utiliser.
Germes de soja : les germes de soja frais se conservent pendant 2 jours dans le réfrigérateur. Pour les blanchir, versez de l'eau bouillante sur les germes, égouttez, plongez dans de l'eau glacée ; égouttez de nouveau et utilisez selon la recette.

1. Assortiment de légumes comprenant chou chinois, chou marin et ciboule 2. Melon 3. Germes de soja, brocolis, mange-tout et petits épis de maïs 4. Beignets de crevettes 5. Carambolas 6. Chou marin 7. Boulettes cuites à la vapeur 8. Gingembre frais 9. Œufs de cent ans 10. Riz cuit à l'eau 11. Kumquats 12. Litchis 13. Petits épis de maïs 14. Crevettes séchées 15. Carambole coupée en tranches 16. Hun-tun frits et crus 17. Rouleaux de printemps 18. Pâtes aux œufs 19. Champignons noirs 20. Tofu 21. Boulettes 22. Champignons parfumés 23. Échalotes 24. Saucisses chinoises 25. Grains de poivre gris 26. Piments rouges séchés 27. Anis étoilé 28. Haricots mungo 29. Arrow-root 30. Dattes rouges séchées 31. Graines de lotus 32. Tranches de réglisse séchée 33. Vermicelles de soja 34. Pâtes au poisson 35. Pâtes de riz 36. Pâtes de riz en bâtonnets 37. Pâtes aux œufs 38. Riz noir gluant 39. Thé au jasmin 40. Ail 41. Poivre du Sichuan

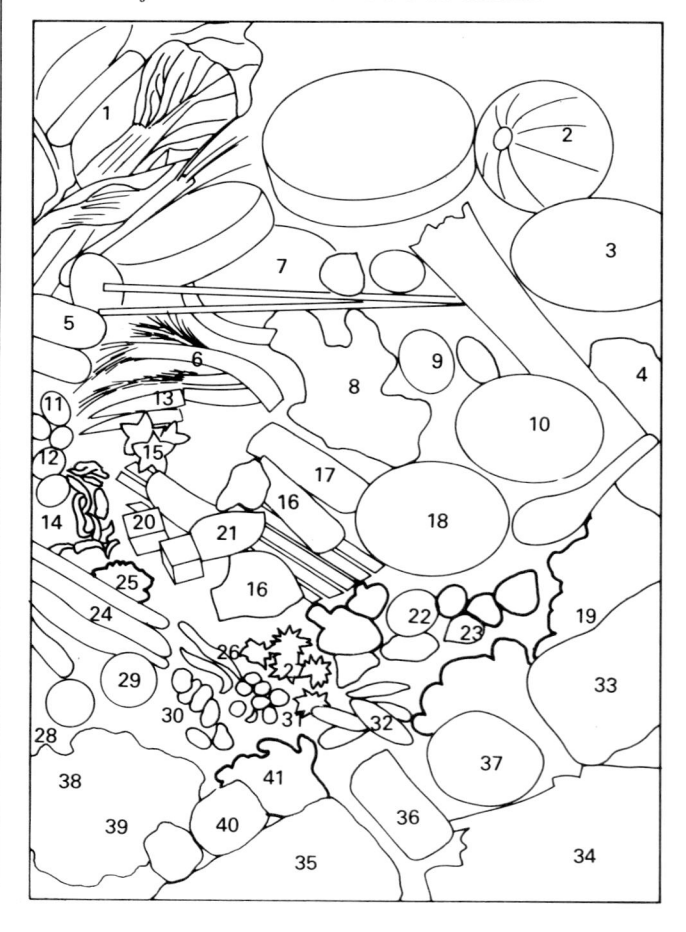

CHINE

PRODUITS CHINOIS

CHINE

Gingembre : le gingembre frais est parfois appelé « gingembre vert ». Il faut le peler avant de l'utiliser, puis le couper en tranches, le piler ou le hacher. Pour le conserver, placez-le dans un bocal après l'avoir pelé et lavé, couvrez de vin blanc sec, fermez hermétiquement et mettez au réfrigérateur. On peut le remplacer par du gingembre séché, en réduisant la quantité employée car le gingembre séché a un goût plus prononcé.

Glutamate de sodium : produit chimique parfois appelé « essence de goût », utilisé pour faire ressortir le goût naturel des aliments. Très utilisé dans les restaurants, il doit être employé avec modération. 1/4 à 1/2 cuillère à café est une quantité amplement suffisante dans toute recette. S'achète dans les épiceries de produits orientaux.

Graines de lotus : de forme ovale, d'environ 1 cm de long. Utilisées dans les plats de légumes braisés, les soupes et les farces salées. Les graines de lotus sucrées sont des friandises de fête.

Graines de sésame : utilisées le plus souvent légèrement grillées pour ajouter goût et texture à un plat. La pâte de sésame est obtenue par broyage des graines et on la trouve facilement dans les épiceries orientales sous le nom de « tahina ». L'huile de sésame est utilisée comme assaisonnement plutôt que pour la cuisson, car son arôme est volatil.

Haricots fermentés : en Chine, on trouve des haricots fermentés noirs ou jaunes mais la variété noire est plus utilisée. Ils sont cuits à la vapeur, épicés et préservés dans du sel ; vendus en boîtes ou sous emballage plastique, ils se conservent un an.

Litchi : fruit qui pousse en grappes comme les cerises. Sa coque dure et irrégulière recouvre une chair blanche, délicatement parfumée.

Pâtes : de nombreuses variétés de pâtes sont utilisées en Chine. La plupart sont à base de farine dure, mélangée avec de l'eau et parfois des œufs, pour faire des pâtes, comme en Italie. Les pâtes fraîches ordinaires et aux œufs sont vendues dans les épiceries chinoises ; elles ne demandent que de 7 à 8 minutes de cuisson. Les pâtes sèches, qu'on trouve plus facilement, demandent davantage de cuisson : de 10 à 15 minutes. Prévoyez au moins 1 litre et demi d'eau bouillante non salée pour 100 g de pâtes. Elles doivent être juste tendres ; égouttez-les ensuite dans une passoire et rincez à l'eau froide. Faites réchauffer dans une poêle d'eau bouillante, égouttez bien avant de servir.

Pâte de haricots rouges sucrés : cette pâte brun-rouge est faite à partir de haricots rouges réduits en purée et de sucre cristallisé. Elle est vendue en semi-conserve ou en boîte sous forme semi-liquide. Conservez-la au réfrigérateur après ouverture. Elle peut être remplacée par de la purée de châtaignes sucrée.

Pâte de raviolis : à base de farine de blé, d'œufs et d'eau, ces crêpes ultra-minces sont vendues en carrés de 8 cm de côté. On peut les faire frire seuls dans de l'huile et les servir avec une sauce piquante, ou les farcir d'un mélange salé, puis les servir cuits à la vapeur, frits ou bouillis. Cette pâte se conserve au congélateur pendant 6 mois et se dégèle en 5 à 10 minutes.

Pâte de soja fermentée : assaisonnement de base fait à partir de germes de soja cuits, de malt et de sel. Souvent utilisée au lieu de la sauce soja lorsqu'une sauce plus épaisse est requise dans les plats sautés.

Pâte de soja pimentée : pâte de germes de soja fermentés mélangés à des piments et autres assaisonnements. Vendue en bocal, cette sauce est plus ou moins forte selon la marque.

Poivre du Sichuan : grains de poivre rouge-brun qui ont un parfum plus fort que les grains de poivre noir.

Pousses de bambou : les jeunes pousses tendres qui apparaissent à la base du bambou sont cueillies à la fin de la saison des pluies, blanchies à l'eau bouillante et mises en boîte. Une fois la boîte ouverte, gardez-les au réfrigérateur dans un récipient fermé empli d'eau froide renouvelée tous les jours ; elles se conservent ainsi environ 7 jours. Les pousses de bambou en boîte sont entières ou coupées en tranches.

Racine de lotus : difficile à obtenir fraîche, mais vendue séchée ou en boîte dans les épiceries chinoises. La racine séchée doit être trempée dans l'eau toute une nuit avant emploi.

Sauce Hoisin : faite à base de soja, de sucre, de farine, de vinaigre, de sel, d'ail, de piment et d'huile de graines de sésame, elle est vendue en bouteille. Une fois ouverte, elle se conserve plusieurs mois dans le réfrigérateur.

Sauce d'huîtres : sauce brune foncée à la saveur prononcée, obtenue à partir d'extraits d'huîtres, de sel et d'amidon. À conserver au réfrigérateur.

Sauce aux piments : sauce très forte, à base de piments, de vinaigre et de sel. Généralement vendue en bouteilles, à utiliser avec modération dans la cuisine ou comme condiment. On peut la remplacer par du tabasco.

Sauce soja : très utilisée en Chine, elle est aujourd'hui bien connue dans les pays occidentaux, où elle est vendue en bouteille. Elle est obtenue à partir de haricots mélangés à de la farine et des épices. La sauce noire, légèrement sucrée, est employée pour les ragoûts, les fritures et les sauces. On peut aussi assaisonner directement la viande, la volaille, le poisson et les légumes. Il existe également une sauce plus claire, légèrement salée.

Tofu (ou doufu) : le tofu est obtenu à partir de haricots de soja réduits en purée. C'est un produit blanc et tendre, plus ou moins ferme, qui a la consistance du fromage. Il contient beaucoup de protéines et est donc hautement nutritif. Son goût neutre se combine bien avec d'autres ingrédients. Le tofu frais, vendu sous forme de cubes de 6,5 cm de côté et 1,5 cm d'épaisseur, se conserve plusieurs jours dans le réfrigérateur. Le tofu pressé se vend aussi sous forme de cubes. On peut le couper en tranches ou en lamelles, l'intégrer à des ragoûts, le faire frire ou braiser, généralement avec d'autres ingrédients.

On vend aussi du tofu séché sous forme de feuilles minces et rigides. Il faut les faire tremper, de préférence dans de l'eau chaude, pendant environ 30 minutes avant emploi ; elles sont généralement braisées ou cuites en ragoût avec de la viande et des légumes.

Le tofu fermenté est obtenu par fermentation de petits cubes de tofu dans du vin et du sel. Il existe sous deux formes : rouge et blanche. Toutes deux sont très salées et de goût très prononcé ; le tofu fermenté est généralement utilisé pour l'assaisonnement des viandes et des légumes ou comme condiment. En Chine, on mange parfois au petit déjeuner une petite quantité de tofu fermenté avec beaucoup de gruau de riz.

Vermicelles de soja : pâtes chinoises transparentes, très fines et sèches, faites à partir de farine de soja. Laissez tremper dans l'eau pendant environ 10 minutes avant emploi.

Les pâtes de riz en bâtonnets ressemblent à des vermicelles blancs. Ces bâtonnets ont environ la même longueur que des baguettes. Il n'est pas nécessaire de faire tremper ces pâtes avant emploi et elles accompagnent particulièrement bien les crustacés et fruits de mer.

Menus

Dîner simple

Soupe de poisson au cresson
Cinq-fleurs
Riz à l'eau

Dîner de plats sautés

Soupe aigre-douce
Porc sauté au soja
Poisson sauté au gingembre
Riz à l'eau

Déjeuner léger

Salade de poulet pimentée
Fruits de mer aux légumes
Riz à l'eau

Dîner de réception

Boulettes de viande
Sole aux champignons
Canard laqué
Riz à l'eau
Beignets de fruits

Dîner cantonnais

Fleur d'or et arbre de jade
Langoustines aux brocolis
Canard rôti
Poisson cantonais
Riz à l'eau

Buffet d'été

Hun-tun frits
Salade de légumes
à la chinoise
Crevettes pochées sauce piquante
Riz frit spécial
Côtelettes de porc aux cinq épices
Poisson en pot de terre
Canard fumé du Sichuan
Sorbet au litchi
Salade de fruit chinoise

Note : adaptez les quantités des plats individuels au nombre de convives.

CHINE

Soupes et entrées

Les soupes chinoises sont généralement des bouillons clairs dans lesquels des légumes, de la viande ou du poisson, ou un mélange des trois, coupés en tranches ou râpés, mijotent très peu de temps. Les assaisonnements et garnitures sont ajoutés au moment de servir. En Chine, les soupes se servent à la fin du repas. Traditionnellement, les hors-d'œuvre consistent en une petite portion de plusieurs mets différents, quoiqu'on puisse aussi servir un seul plat. Ils se mangent chauds ou froids et beaucoup se préparent à l'avance.

Bouillon clair

Qing Tang

1 kg de morceaux de poulet
750 g de côtelettes de porc dans l'échine
50 g de gingembre frais,
non épuché, en gros morceaux
4-5 ciboules
3 l d'eau environ
5 cl de Siu Sin Chiew ou de vin blanc sec (facultatif)

Dégraissez la viande, placez-la dans une grande casserole avec le gingembre et les ciboules. Versez l'eau, amenez à ébullition, écumez. Baissez le feu et laissez mijoter, sans couvrir, 1 heure 1/2 à 2 heures. Laissez refroidir. Écumez toute la graisse qui se trouve à la surface.

Passez le bouillon dans un chinois et remettez-le dans la casserole propre. Ajoutez le vin, amenez à ébullition. Laissez mijoter 5 minutes environ avant de servir. Tout le reste du bouillon doit être mis au réfrigérateur dans un récipient couvert. Il se conserve ainsi 4 ou 5 jours.
Pour 2 litres de bouillon
Note : ce bouillon est le tout premier plat que le cuisinier prépare le matin, car il est à la base de la plupart des soupes. Ce bouillon peut aussi être servi seul, comme un consommé ; pour 60 cl, ajoutez 2 cuillères à café de ciboules hachées, 1 cuillère à soupe de sauce soja non concentrée et 1 cuillère à café de sel.

Soupe au canard et au chou

Yagu Baicai Tang

1 carcasse de canard en morceaux, avec abattis
1 l de bouillon clair (voir ci-dessus) ou d'eau
2 tranches de gingembre frais, épluché
500 g de chou chinois, coupé en lanières
sel et poivre fraîchement moulu

Placez les morceaux de carcasse, les abattis et tout autre reste de viande de canard dans une grande casserole. Couvrez de bouillon ou d'eau, ajoutez le gingembre, amenez à ébullition. Écumez, puis baissez le feu et laissez mijoter doucement au moins 30 minutes.

Ajoutez le chou, salez et poivrez à votre goût. Continuez la cuisson 20 minutes environ.

Retirez la carcasse de canard et le gingembre, goûtez, rectifiez l'assaisonnement. Versez dans une soupière chaude. Servez chaud.
Pour 4-6 personnes

CHINE

Soupe au canard et au chou, soupe au porc et aux nouilles (page 23) et gruau de chou-fleur

Soupe aux huit trésors

Babao Tang

*200 g de blanc de poulet, sans la peau
200 g de filet de porc
200 g de jambon blanc
200 g de crevettes roses décortiquées,
ou 3 cuillères à soupe de crevettes séchées
350 g de tofu
200 g de champignons parfumés, essuyés
3,5 l de bouillon clair (page 12) ou d'eau
200 g de petits pois frais ou surgelés
200 g de maïs doux
3 œufs battus
3 cuillères à soupe de sauce soja
3 cuillères à soupe de maïzena
sel et poivre fraîchement moulu*

Émincez les viandes. Laissez tremper les crevettes séchées 20 minutes dans de l'eau tiède, puis égouttez-les. Émincez le tofu et les champignons.

Amenez le bouillon à ébullition dans une grande casserole. Ajoutez la viande, les crevettes, le tofu et les légumes. Lorsqu'ils commencent à flotter, versez doucement les œufs battus, puis la sauce soja et laissez cuire 1 minute sans cesser de remuer.

Mouillez la maïzena d'une cuillère à soupe d'eau froide. Ajoutez cette pâte à la soupe et faites-la épaissir en remuant, puis salez et poivrez. Versez dans des bols individuels chauds et servez.
Pour 10-15 personnes
Note : les soupes de tous les jours sont généralement des potages clairs ; cette soupe épaisse est donc un plat de fête. Les ingrédients peuvent être modifiés selon les saisons.

Gruau de chou-fleur

Caihua Geng

*1 petit chou-fleur coupé fin
100 g de chair de poulet, hachée grossièrement
1 l de bouillon de poule
2 œufs battus
50 g de jambon maigre, haché
1 cuillère à café de sel
feuilles de coriandre hachées, pour garnir*

Mettez le chou-fleur, le poulet et le bouillon dans une poêle, cuisez à feu doux 15-20 minutes. Ajoutez les œufs et le jambon, salez. Versez dans une soupière chaude, saupoudrez de coriandre. Servez chaud.
Note : ne perdez pas votre appétit devant le terme « gruau » ; il s'agit en fait d'une délicieuse soupe épaisse et colorée.

SOUPES ET ENTRÉES

Soupe aux moules et au tofu

Doufu Taibei Tang

*1 kg de moules, brossées
1 cuillère à soupe d'huile
2 ciboules, hachées
90 cl de bouillon de poule
2 cubes de tofu, en dés
200 g de champignons de couche en boîte,
égouttés et coupés en deux
2 feuilles de chou chinois, en lanières
poivre blanc fraîchement moulu
1 cuillère à café de sel
3 cuillères à café de maïzena
2 cuillères à soupe d'eau
quelques gouttes d'huile de sésame*

Placez les moules dans une casserole avec un peu d'eau, couvrez et faites ouvrir les coquilles à feu vif, en remuant de temps en temps. Enlevez les moules des coquilles et réservez. Jetez toutes les moules qui ne se sont pas ouvertes.

Faites bouillir l'huile dans un wok, puis faites sauter les ciboules à feu doux quelques secondes. Ajoutez le bouillon, le tofu, les moules, les champignons, le chou, du poivre et du sel. Laissez mijoter doucement 5 minutes. Délayez la maïzena avec l'eau, versez dans la soupe et laissez épaissir en remuant. Ajoutez quelques gouttes d'huile de sésame et servez.

Soupe au porc et au concombre

Roupian Huanggua Tang

*une pincée de sel
1 blanc d'œuf
1 cuillère à café de maïzena
250 g de porc dans le filet en tranches fines
et en morceaux de la taille d'une bouchée
1,2 l d'eau
75 g de pickles pimentés du Sichuan, en morceaux
de la taille d'une bouchée (facultatif)
100 g de concombre, épluché et émincé*

Mélangez le sel, le blanc d'œuf et la maïzena. Ajoutez le porc, mélangez bien et laissez mariner 10 minutes.

Amenez l'eau à ébullition. Ajoutez le porc et, lorsque l'eau se remet à bouillir, les pickles et le concombre. Laissez mijoter 5 minutes. Rectifiez l'assaisonnement et servez chaud.

Note : les pickles font de cette soupe un mets très épicé.

Soupe aux moules et au tofu

Algues croquantes

Cai Soong

*750 g de blettes (vert)
60 cl d'huile pour friture
1 1/2 cuillère à café de sucre en poudre
1 cuillère à café de sel*

Lavez les blettes et séchez-les avec du papier absorbant. Avec un couteau aiguisé, coupez-les en lanières les plus fines possible. Faites-les sécher sur du papier absorbant pendant 20 minutes.

Faites chauffer l'huile dans un wok. Éteignez le feu 30 secondes, puis plongez une partie des blettes dans l'huile. Remettez à feu modéré et faites-les frire jusqu'à ce qu'elles remontent à la surface, sans cesser de les remuer avec des baguettes. Sortez-les avec une écumoire et laissez égoutter sur du papier absorbant pendant que vous faites frire le reste des blettes.

Placez ensuite les « algues » dans un grand bol et saupoudrez-les de sucre et de sel. Mélangez délicatement. Servez froid.
Pour 8-10 personnes
Note : pour ces « algues », très appréciées en hors-d'œuvre, choisissez des blettes jeunes et fraîches, de sorte que même les feuilles extérieures, qui sont d'un vert plus foncé, soient tout à fait tendres. Vous pouvez disposer quelques amandes fendues et frites sur les « algues » avant de les servir.

Côtelettes de porc aux cinq épices

Wuxiang Paigu

1 kg de côtelettes de porc dans l'échine

Marinade :
*1 cuillère à café de sel
2 cuillères à soupe de sucre en poudre
2 cuillères à soupe de Siu Sin Chiew
ou de vin blanc sec
2 cuillères à soupe de sauce soja
2 cuillères à soupe de sauce Hoisin
1 cuillère à soupe de sauce soja noire
1 cuillère à café de cinq-épices
1 cuillère à café de curry (facultatif)*

Mettez les côtelettes dans un bol, ajoutez les autres ingrédients et mélangez. Laissez mariner 1 heure, en retournant les côtelettes une ou deux fois.

Faites cuire les côtelettes dans la marinade au four (200 °C, thermostat 6) 40-45 minutes, en les retournant une fois à mi-cuisson. Vous pouvez retirer les côtelettes de la marinade et les faire griller 15-20 minutes, en les retournant toutes les 5 minutes, jusqu'à ce qu'elles soient bien dorées. Avec un barbecue, la cuisson est légèrement plus rapide, mais les côtelettes doivent être retournées plus souvent.

Découpez les côtelettes en 2 ou 3 morceaux de la taille d'une bouchée, ou servez-les entières, recouvertes de sauce. Si elles ont été cuites au grill ou au barbecue, préparez la sauce en faisant chauffer la marinade avec un peu d'eau ou de bouillon.
Pour 8 personnes
Note : ce plat permet de nombreuses variantes, car les côtelettes peuvent être cuites au four, au gril ou en plein air avec un barbecue.

Petits rouleaux de viande

Cha Shao Bao

Pâte :
*2 cuillères à café de levure de boulangerie
1 cuillère à soupe de sucre en poudre
30 cl d'eau tiède
450 g de farine*

Garniture :
*1 cuillère à soupe d'huile
2 gousses d'ail, pilées
1 petite ciboule hachée
1 cuillère à soupe de vin blanc
1 cuillère à café de sauce soja
1 cuillère à café de sauce d'huîtres
2 cuillères à café de sucre en poudre
12 cl d'eau
250 g de porc laqué (page 31)
1 cuillère à café de maïzena, délayée avec 1 cuillère à soupe d'eau*

Pour les crêpes, faites dissoudre la levure et la moitié du sucre dans l'eau tiède. Laissez reposer dans un endroit chaud pendant 15 minutes ou jusqu'à ce que le mélange mousse. Ajoutez le reste du sucre, mélangez pour obtenir une pâte ferme. Pétrissez sur une planche légèrement farinée jusqu'à ce que la pâte soit ferme et élastique. Réservez la pâte dans un bol large, couvrez et laissez-la monter dans un endroit chaud pendant environ 2 heures.

Pour la garniture, faites chauffer l'huile dans une poêle. Faites-y sauter l'ail et la ciboule pendant quelques secondes. Ajoutez le vin, les sauces et le sucre, faites sauter 20 secondes. Versez l'eau, amenez à ébullition. Ajoutez le porc, coupé en morceaux, et faites-le cuire 1 minute. Ajoutez la maïzena, laissez épaissir en remuant. Retirez du feu, laissez refroidir.

Divisez la pâte en deux et formez deux bandes. Coupez chaque bande en dix. Avec la paume de la main, formez vingt cercles d'environ 7,5 cm de diamètre. Répartissez la garniture au centre des cercles. Assemblez les côtés de la pâte, et pincez les bords pour bien fermer.

Placez les rouleaux sur un linge humide et faites cuire à la vapeur 15 minutes. Servez chaud.
Pour 20 rouleaux
Note : ces rouleaux se conservent une semaine au réfrigérateur et se réchauffent à la vapeur.

Soupe de riz grésillant

Guopa Tang

1,5 l de bouillon clair (page 12) ou d'eau
250 g de crevettes, décortiquées, boyau retiré
100 g de champignons, coupés en deux
1/2 cuillère à café de sel
1 cuillère à soupe de sauce soja
1 cuillère à soupe de vin blanc sec
une pincée de poivre
huile de friture
150 g de riz cuit (voir note), en morceaux de 7,5 cm

Amenez le bouillon ou l'eau à ébullition. Ajoutez les autres ingrédients sauf l'huile et le riz. Mélangez bien. Couvrez et laissez mijoter jusqu'à ce que tous les ingrédients soient chauds, puis réservez au chaud dans une soupière.

Faites frire les morceaux de riz dans l'huile 30 secondes environ, jusqu'à ce qu'ils soient croustillants mais non grillés. Égouttez et réservez sur un plat chaud.

Servez le riz dans des bols individuels et, à table, arrosez-le de bouillon. Le grésillement qui en résulte donne son nom au plat et c'est un de ses attraits.
Pour 4-6 personnes
Note : étalez le riz cuit encore humide en une couche régulière sur une plaque de cuisson ; appuyez fermement pour la rendre uniforme et laissez sécher au soleil ou à four très doux jusqu'à ce qu'il soit cassant.

Soupe de poisson au cresson

Yupian Yungcai Tang

250 g de filets de poisson blanc
(plie, sole ou cabillaud)
1 cuillère à soupe de maïzena
1 blanc d'œuf, légèrement battu
60 cl de bouillon clair (page 12)
1 cuillère à café de gingembre frais haché
feuilles de cresson, lavées et préparées
sel et poivre fraîchement moulu
1 cuillère à café de ciboules, en allumettes
1 cuillère à café d'huile de sésame

Coupez le poisson en larges bandes. Passez-les dans la maïzena, puis dans le blanc d'œuf.

Dans une casserole, faites chauffer le bouillon et le gingembre à gros bouillons. Ajoutez les bandes de poisson l'une après l'autre. Dès qu'elles remontent à la surface, ajoutez le cresson, le sel et le poivre. Baissez le feu et laissez mijoter 1 minute.

Servez dans des bols chauds, parsemez de ciboule et assaisonnez d'huile de sésame. Servez chaud.
Note : il vaut mieux garder la peau des filets de poisson, car elle aide à maintenir les morceaux durant la cuisson.

Soupe au tofu et au porc

Doufu Roupian Tang

100 g de porc dans le filet
1 cuillère à soupe de Siu Sin Chiew ou de vin blanc sec
1 cuillère à soupe de sauce soja
250 g de tofu ferme
feuilles de cresson ou d'épinard frais,
lavées et préparées
60 cl de bouillon clair (page 12)
1 cuillère à café de sel
1 cuillère à café d'huile de sésame

Coupez le porc en tranches fines. Mettez-les dans un bol avec le vin et la sauce soja, laissez mariner au moins 10 minutes. Coupez chaque cube de tofu en 16 petits morceaux. Réservez quelques feuilles de cresson pour garnir.

Versez le bouillon dans une casserole, faites chauffer à gros bouillons. Ajoutez le porc, en remuant pour séparer les tranches. Faites bouillir rapidement 30 secondes, ajoutez ensuite les morceaux de tofu, le sel et laissez bouillir 1 minute. Ajoutez le cresson ou les épinards et l'huile de sésame. Mélangez bien, puis versez dans une soupière chaude ou dans quatre bols individuels. Garnissez de cresson et servez.
Note : vous pouvez accompagner la soupe de beignets de crevettes. Pour les faire cuire, chauffez

Soupe de poisson au cresson, soupe au tofu et au porc et soupe aigre-douce

environ 15 cl d'huile végétale dans un wok. Réduisez la chaleur, laissez l'huile refroidir légèrement avant de faire frire 5 ou 6 beignets à la fois. Ils gonfleront pour atteindre 4 ou 5 fois leur taille initiale. Attendez qu'ils deviennent blanc opaque, puis retirez-les avec une écumoire et égouttez-les sur du papier absorbant. Conservés dans un four à faible température, ils resteront croustillants plusieurs heures.

Soupe aigre-douce

Suan Ha Tang

3-4 champignons parfumés
100 g de poulet cuit, sans la peau
100 g de tofu ferme
75 g de pousses de bambou
1 œuf
sel
60 cl de bouillon clair (page 12)
50 g de petits pois frais ou surgelés
2 cuillères à soupe de vinaigre
1 cuillère à soupe de sauce soja noire
2 cuillères à café de poivre fraîchement moulu
3 cuillères à soupe de maïzena

Laissez tremper les champignons dans de l'eau tiède 20-25 minutes, puis égouttez-les et réservez le liquide de trempage. Pressez-les pour en extraire toute l'eau, jetez les pieds durs, coupez les champignons en fines lamelles.

Coupez le poulet, le tofu et les pousses de bambou en lamelles. Battez légèrement l'œuf avec une pincée de sel.

Faites chauffer le bouillon et le liquide de trempage à gros bouillons. Ajoutez les champignons, le poulet, le tofu, les pousses de bambou, les petits pois, et 1 cuillère à café de sel. Laissez cuire 2-3 minutes, ajoutez ensuite le vinaigre, la sauce soja et le poivre.

Délayez bien la maïzena avec 6 cuillères à soupe d'eau froide. Ajoutez-la à la soupe, et faites épaissir 1 minute en remuant. Versez l'œuf très lentement, en un ruban mince et régulier sur toute la surface de la soupe.

Servez dans une soupière chaude ou dans des bols individuels.

Note : cette soupe, très appréciée à Pékin et dans le Sichuan, est l'une des rares soupes chinoises épaisses. Son goût aigre-doux est tout à fait typique.

Les champignons parfumés sont les plus utilisés dans les pays orientaux. Ils sont cultivés sur le tronc d'arbres à feuilles caduques morts, puis séchés au soleil. Ils donnent goût et consistance et sont extrêmement nourrissants.

Hun-Tun frits

Cha Wahn Tan

*24 hun-tun (raviolis chinois)
huile pour friture*

Farce :
*100 g de porc émincé
50 g de crevettes décortiquées, hachées
2 cuillères à café de ciboule hachée
1 cuillère à soupe de Siu Sin Chiew ou de vin blanc sec
1 cuillère à café de sucre
1/2 cuillère à café de sel*

Sauce :
*1 cuillère à soupe de maïzena
1 cuillère à soupe de concentré de tomates
1 cuillère à soupe de sucre
2 cuillères à soupe de vinaigre
1 cuillère à soupe de sauce soja
1 cuillère à soupe d'huile*

Pour la farce, mélangez bien tous les ingrédients. Mettez 1 cuillère à café environ de farce au centre d'un ravioli, repliez-le en humectant les côtés pour bien fermer. Recommencez l'opération pour les autres raviolis.

Faites chauffer l'huile dans un wok jusqu'à ce qu'elle soit très chaude, puis baissez le feu pour la laisser un peu refroidir. Faites frire les raviolis 2-3 minutes ou jusqu'à ce qu'ils soient croustillants. Égouttez-les ensuite sur du papier absorbant et réservez-les dans un four doux (150 ºC, thermostat 2).

Pour la sauce, délayez la maïzena avec 4-5 cuillères à soupe d'eau froide. Ajoutez le reste des ingrédients de la sauce, sauf l'huile. Faites chauffer l'huile dans un wok, ajoutez la sauce et remuez sur feu moyen 3-4 minutes jusqu'à obtention d'un mélange lisse. Servez aussitôt avec les raviolis.
Note : en Chine, les hun-tun se mangent entre les repas, dans un bouillon clair (page 12) ou dans une soupe. La version frite servie en hors-d'œuvre dans certains restaurants cantonais constitue une invention occidentale, tout comme le Chop Suey. On trouve facilement des hun-tun, frais ou surgelés, dans la plupart des épiceries exotiques.

Œufs braisés

Lu Dan

*30 cl de bouillon clair (page 12)
3 cuillères à soupe de sauce soja
1 cuillère à soupe de Siu Sin Chiew ou de vin blanc sec
1 morceau de 5 cm de gingembre frais, épluché
1/2 cuillère à café de cinq-épices
6 œufs*

Amenez doucement le bouillon à ébullition. Ajoutez les autres ingrédients, sauf les œufs. Remuez pour bien mélanger.

Faites cuire les œufs séparément dans de l'eau bouillante pendant 5 minutes, puis égouttez-les. Écalez trois œufs et cassez légèrement les coquilles des trois autres pour donner un effet « marbré ». Ajoutez les six œufs au bouillon et laissez mijoter à feu doux pendant 20 minutes, en retournant les œufs de temps en temps pour assurer une cuisson régulière. Laissez refroidir les œufs dans le bouillon.

Ôtez les œufs du bouillon avec une écumoire, écalez les trois coquilles et coupez les œufs en deux ou en quatre. Servez froid.
Pour 6 personnes
Note : la sauce qui reste après la cuisson peut être conservée plusieurs semaines au réfrigérateur et réutilisée.

Œufs à la vapeur

Zheng Dan

*2 œufs battus
1 cuillère à café de sel
30 cl de bouillon clair (page 12) ou de poule
2 œufs salés, écalés, coupés en six-huit
2 œufs au vinaigre, écalés, coupés en six-huit
4-5 œufs de caille en boîte, égouttés (facultatif)
2 cuillères à soupe de jambon fumé émincé
2 cuillères à soupe de ciboules émincées*

Mélangez les œufs battus, le sel et le bouillon. Placez les morceaux d'œuf salé et au vinaigre, en alternance, au bord d'un plat profond allant au four. Versez le bouillon au centre, et disposez les œufs de caille sur le bouillon. Faites cuire à la vapeur 10-12 minutes.

Mettez le jambon sur les œufs de caille et parsemez de ciboule. Laissez encore cuire à la vapeur 3-4 minutes. Servez chaud.

Porc émincé aux œufs

Mushu Rou

*50 g de saindoux
100 g de porc dans le filet, émincé
4 œufs, battus avec une pincée de sel
1 cuillère à soupe de vin blanc sec
1 cuillère à soupe de sauce soja
4 cuillères à soupe de bouillon*

Faites fondre le saindoux dans une poêle. Faites-y cuire le porc, en remuant sans cesse jusqu'à ce qu'il soit légèrement doré. Baissez le feu, versez les œufs sur le porc et mélangez doucement jusqu'à ce que les œufs soient pris. Tournez « l'omelette » et coupez-la en petits morceaux. Ajoutez le vin, la sauce de soja et le bouillon, continuez à cuire environ 2-3 minutes. Servez chaud en hors-d'œuvre.

CHINE

Rouleaux au crabe et Fou Yung aux crevettes (page 48)

Rouleaux au crabe

Xieorou Jiao

Pâte :
4 cuillères à soupe de farine
1/2 cuillère à café de sel
4 cuillères à soupe d'eau
4 œufs battus

Garniture :
2 cuillères à soupe d'huile
1 œuf battu
1 petite ciboule émincée
300 g de chair de crabe, en petits morceaux
1 cuillère à soupe de vin blanc sec
sel et poivre
1 cuillère à soupe de maïzena, délayée avec 2 cuillères à soupe d'eau
3 cuillères à soupe d'eau
1 cuillère à soupe de farine, mouillée avec 1 cuillère à soupe d'eau
huile de friture

Pour la pâte, mélangez la farine et le sel dans un bol. Ajoutez peu à peu l'eau et les œufs, en les battant pour faire une pâte lisse. Mettez une petite poêle à frire sur feu moyen et huilez-la légèrement. Versez-y 4 cuillères à soupe de pâte en remuant la poêle pour obtenir une couche uniforme. Laissez cuire jusqu'à ce que les bords se soulèvent, puis retournez et faites cuire l'autre côté. Continuez ainsi jusqu'à épuisement de la pâte.

Pour la garniture, faites chauffer l'huile dans une poêle. Ajoutez l'œuf, la ciboule et la chair de crabe. Remuez à feu vif quelques minutes, puis ajoutez le vin, le sel, le poivre, et la maïzena ; poursuivez la cuisson en remuant jusqu'à épaississement du mélange. Retirez du feu et laissez refroidir.

Disposez 2 cuillères à soupe de garniture sur chaque crêpe et rabattez les 4 côtés vers le centre. Roulez la crêpe en un rouleau bien serré, fermez avec la pâte de farine.

Faites frire dans l'huile plusieurs rouleaux à la fois, jusqu'à ce qu'ils soient bien dorés. Égouttez sur du papier absorbant et coupez-les diagonalement en morceaux. Servez chaud.

Pour 6-8 rouleaux

Variante : du porc haché ou des crevettes hachées peuvent remplacer le crabe.

SOUPES ET ENTRÉES

CHINE

Riz et pâtes

Quoique le riz soit un aliment de base en Chine, on n'en mange pas avec chaque plat. Il est généralement cuit à la vapeur ou bouilli, ses grains sont secs et bien séparés. Le riz à grains longs est celui qui convient le mieux pour la cuisine chinoise. Le riz frit, apprécié dans les pays occidentaux, était au départ une façon d'utiliser les restes de riz ; c'est aujourd'hui un plat à part entière qu'on enrichit de nombreux ingrédients. Le riz frit ou les pâtes sont souvent servis seuls pour un repas léger.

Pour les pâtes, on utilise de la farine de froment mais aussi de la farine de riz ou de soja. L'éventail va des pâtes larges et épaisses aux vermicelles les plus fins. Les pâtes croustillantes sont frites, les pâtes tendres sont cuites à l'eau et généralement préparées en sauce.

Riz frit spécial

Chao Fan

2-3 œufs
2 ciboules, hachées
2 cuillères à café de sel
3 cuillères à soupe d'huile
100 g de crevettes décortiquées
100 g de viande cuite (poulet, porc ou jambon), en petits cubes
4 cuillères à soupe de petits pois frais ou surgelés, cuits
1 cuillère à soupe de sauce soja
350-500 g de riz cuit froid

Battez légèrement les œufs avec 1 cuillère à café de ciboule et une pincée de sel. Chauffez la moitié de l'huile dans un wok, ajoutez les œufs et brouillez-les jusqu'à ce qu'ils soient cuits, puis réservez.

Faites chauffer le reste d'huile dans le wok, ajoutez les crevettes, la viande et les petits pois, remuez plusieurs fois puis ajoutez la sauce soja. Continuez à remuer à feu vif pendant quelques minutes, puis ajoutez le riz, les œufs brouillés, le reste de ciboule et le sel. Remuez pour bien séparer les grains de riz. Servez chaud.

Note : pour un plat moins copieux, faites revenir dans le wok du riz cuit froid dans un peu d'huile, ajoutez des œufs brouillés, quelques ciboules hachées et une pincée de sel.

Riz à l'eau

Bai Fan

350 g de riz à grains longs
1/2 cuillère à café de sel

Lavez le riz à l'eau froide et égouttez-le. Mettez-le dans une casserole. Ajoutez environ 50 cl d'eau froide, de façon à le recouvrir de 2,5 cm d'eau. Amenez à ébullition, puis salez et remuez le riz avec une cuillère pour qu'il ne colle pas au fond de la casserole.

Couvrez la casserole avec un couvercle bien hermétique, laissez cuire à feu très doux 15-20 minutes.

Éteignez, puis laissez gonfler le riz 10 minutes environ. Avant de servir, remuez avec une fourchette pour bien séparer les grains.

Note : pour un riz plus tendre, aux grains moins séparés, utilisez du riz à grains courts ou ronds pour desserts et réduisez d'un quart la quantité d'eau.

CHINE

Nouilles au sésame et tofu sauce pimentée (page 38).

Nouilles au sésame

Dan Dan Mian

*500 g de nouilles chinoises fraîches
90 cl de bouillon clair (page 12)*

Sauce :
*2 cuillères à soupe de pâte de sésame
4 cuillères à soupe d'eau
4 cuillères à soupe de ciboules hachées
1 cuillère à café d'ail pilé
1 cuillère à soupe de sauce soja
2 cuillères à café de vinaigre de vin rouge
2 cuillères à café d'huile
1 cuillère à café de sel*

Faites cuire les pâtes dans un grand volume d'eau salée bouillante jusqu'à ce qu'elles soient juste tendres. Pendant ce temps, faites chauffer le bouillon. Pour la sauce, mouillez la pâte de sésame d'eau, puis ajoutez les autres ingrédients.

Égouttez les pâtes. Versez le bouillon bien chaud dans quatre bols individuels, ajoutez les pâtes et nappez de sauce. Chacun mélange avant de manger.

Porc frit aux vermicelles de soja

Chao Fensi (Mayi Shangshu)

*40 g de vermicelles de soja
4 cuillères à soupe d'huile
250 g de porc émincé
3 ciboules, hachées
1 cuillère à soupe de pâte de soja pimentée
2 cuillères à soupe de sauce soja
1 cuillère à soupe de vin blanc sec
1/2 cuillère à café de sucre
12 cl d'eau*

Faites tremper les vermicelles dans de l'eau tiède 15 minutes. Égouttez-les et coupez-les en morceaux de 7-8 cm de long.

Faites chauffer l'huile dans une poêle, faites-y dorer le porc sur feu vif sans cesser de remuer. Ajoutez les vermicelles, remuez quelques secondes, puis mettez les autres ingrédients. Amenez à ébullition et laissez mijoter jusqu'à complète évaporation du liquide. Servez chaud.
Pour 2 personnes

Nouilles frites, riz frit spécial (page 20) et soupe aux nouilles

Soupe aux nouilles

Tang Mian

*250 g de crevettes décortiquées
sel
1 cuillère à café de maïzena
100 g de pousses de bambou
ou de champignons de Paris
100 g de feuilles d'épinard ou de romaine
350 g de nouilles aux œufs ou de spaghettinis
60 cl de bouillon de poule bien relevé
2 cuillères à soupe de sauce soja
3 cuillères à soupe d'huile
2 ciboules, hachées
2 cuillères à soupe de Siu Sin Chiew
ou de vin blanc sec
1-2 cuillères à café d'huile de sésame (facultatif)*

Mettez les crevettes dans un bol avec une pincée de sel. Délayez la maïzena avec 1 cuillère à soupe d'eau froide jusqu'à obtention d'une pâte lisse, ajoutez les crevettes, remuez. Émincez les pousses de bambou ou les champignons et les épinards.

Faites cuire les nouilles dans une grande casserole d'eau bouillante selon les instructions données sur le paquet, égouttez-les et placez-les dans un grand bol de service ou quatre bols individuels chauds. Amenez le bouillon à ébullition, versez-le sur les pâtes avec environ la moitié de la sauce soja. Gardez au chaud.

Faites chauffer l'huile dans le wok, ajoutez les ciboules puis les crevettes enrobées de pâte et les légumes émincés. Remuez plusieurs fois, ajoutez 1 1/2 cuillère à café de sel, le reste de sauce soja et le vin. Laissez cuire pendant 1-2 minutes, sans cesser de remuer. Versez le mélange sur les pâtes et assaisonnez avec quelques gouttes d'huile de sésame. Servez chaud.

Note : en Chine, on sert plus souvent les nouilles dans une soupe que dans des plats tels que Chao Mian/ Chow Mein (page 23), très apprécié dans les pays occidentaux. Les ingrédients utilisés dans ces deux recettes sont néanmoins très proches. Vous pouvez remplacer les crevettes décortiquées par des lamelles de porc, d'agneau, de jambon ou de poulet.

Nouilles frites

Chao Mian/Chow Mein

*500 g de nouilles aux œufs ou de spaghettinis
sel
4 cuillères à soupe d'huile
1 oignon moyen, épluché et émincé
100 g de viande cuite (porc, poulet ou jambon), en fines lamelles
100 g de haricots verts ou de mange-tout
100 g de germes de soja frais
2-3 ciboules, hachées
2 cuillères à soupe de sauce soja
1 cuillère à café d'huile de sésame
ou de sauce aux piments*

Faites cuire les pâtes dans une grande casserole d'eau salée bouillante, selon les instructions données sur le paquet, égouttez-les et rincez-les sous un robinet d'eau froide jusqu'à ce qu'elles soient froides ; réservez.

Faites chauffer 3 cuillères à soupe d'huile dans un wok, ajoutez l'oignon, la viande, les haricots verts, les germes de soja et faites cuire à feu vif en remuant 1 minute environ. Ajoutez 1 cuillère à café de sel, remuez encore plusieurs fois, puis enlevez les ingrédients du wok avec une écumoire et réservez.

Faites chauffer le reste d'huile dans le wok, ajoutez les ciboules et les pâtes, ainsi que la moitié du mélange viande-légumes et la sauce soja, faites revenir dans le wok sans cesser de remuer 1-2 minutes ou jusqu'à ce que l'ensemble soit bien chaud.

Transférez dans un grand plat de service chaud, puis versez le reste du mélange viande-légumes comme accompagnement. Assaisonnez de quelques gouttes d'huile de sésame ou de sauce aux piments (ou des deux, si vous préférez). Servez aussitôt.
Note : la Chine connaît les pâtes depuis plus de 2 000 ans et certains disent que Marco Polo aurait rapporté de Chine l'art de faire les spaghettis et les raviolis, au XIVe siècle.

Fourmis sur des arbres

Mayi Shangshu

*250 g de porc désossé, haché
2 cuillères à soupe de sauce soja
1 cuillère à soupe de sucre
1 cuillère à café de maïzena
1/2 cuillère à café de sauce aux piments
3 cuillères à soupe d'huile
1 petit piment rouge, haché
2 ciboules, hachées
75 g de vermicelles ayant trempé dans de l'eau 30 minutes
12 cl de bouillon de poule ou d'eau
1 ciboule émincée, pour garnir*

Mettez le porc dans un bol avec la sauce soja, le sucre, la maïzena et la sauce aux piments. Mélangez bien, puis laissez mariner 20 minutes environ.

Faites chauffer l'huile dans un wok, et faites-y sauter le piment et les ciboules. Remuez à feu vif quelques secondes, puis ajoutez le porc. Continuez à remuer jusqu'à ce que le porc change de couleur.

Égouttez les vermicelles, ajoutez-les dans le wok. Mélangez bien, ajoutez le bouillon, laissez cuire jusqu'à absorption totale du liquide.

Servez chaud, garni de ciboule.
Pour 2-3 personnes

Soupe au porc et aux nouilles

Rousi Tangmian

*3-4 champignons parfumés, ayant trempé dans de l'eau tiède 30 minutes
250 g de porc maigre désossé, émincé
1 cuillère à soupe de sauce soja
1 cuillère à soupe de vin blanc sec
1 cuillère à café de sucre
2 cuillères à café de maïzena
350 g de nouilles chinoises aux œufs
3 cuillères à soupe d'huile
2 ciboules coupées en morceaux de 2,5 cm de long
100 g de pousses de bambou, émincées
sel
60 cl de bouillon de poule brûlant*

Égouttez les champignons, pressez-les pour en extraire l'eau, en réservant le liquide de trempage. Jetez les pieds durs, émincez les chapeaux.

Mettez le porc dans un bol avec la sauce soja, le vin, le sucre et la maïzena. Mélangez bien et laissez mariner 20 minutes environ.

Faites cuire les nouilles dans de l'eau bouillante 5 minutes environ, puis égouttez-les.

Faites chauffer la moitié de l'huile dans un wok, ajoutez le porc et remuez à feu vif jusqu'à ce qu'il change de couleur. Enlevez de la poêle avec une écumoire et égouttez.

Faites chauffer le reste d'huile dans la poêle, ajoutez les ciboules puis les champignons et les pousses de bambou. Remuez, salez. Remettez le porc dans la poêle avec le liquide de trempage des champignons.

Disposez les nouilles dans un grand plat de service, versez le bouillon brûlant sur les nouilles, ajoutez le porc et les légumes. Servez chaud.

Légumes

Les légumes sont un élément important de la gastronomie chinoise et un plat de légumes est généralement servi avec trois plats principaux de viande, de volaille et de poisson. Texture, croquant et tendreté ne peuvent être obtenus que par les techniques de préparation et les modes de cuisson corrects. Les légumes sont hachés ou coupés en tranches ou en lamelles et cuits rapidement avec très peu de liquide. Ils conservent ainsi leur saveur et leur consistance particulières. On utilise parfois successivement deux méthodes de cuisson : certains légumes par exemple sont tout d'abord sautés quelques minutes puis braisés dans un peu d'eau ou de bouillon.

Tofu braisé

U Doufu

500 g de tofu ferme
30 cl de bouillon de légumes
2 ciboules, préparées
1 morceau de 5 cm de gingembre frais, épluché
3 cuillères à soupe de sauce soja
2 cuillères à soupe de Siu Sin Chiew
ou de vin blanc sec
1 cuillère à soupe de sucre en poudre

Mettez le tofu dans une casserole, couvrez d'eau froide, amenez à ébullition. Couvrez et cuisez à feu vif 10 minutes.
 Pendant ce temps, amenez le bouillon à ébullition avec les ciboules et le gingembre. Laissez mijoter 5 minutes, pour que les aromates parfument le bouillon.
 Égouttez le tofu et ajoutez-le au bouillon avec le reste des ingrédients. Ramenez à ébullition, puis couvrez et laissez mijoter doucement 30 minutes.
 Éteignez le feu et laissez refroidir le tofu dans le liquide de cuisson.
 Pour servir, enlevez le tofu du liquide avec une écumoire, coupez-le en tranches et disposez-le sur un plat de service. Servez froid.
Note : pour apporter un contraste croquant au tofu, garnissez-le de ciboules coupées en lamelles et de fleurs de carottes, ce qui rendra aussi le plat plus joli à voir. Pour faire des fleurs, épluchez une carotte moyenne et coupez-la en tronçons de 7,5 cm. Faites des entailles en V sur toute la longueur, à intervalles réguliers autour de la carotte. Évidez les entailles puis coupez en travers en rondelles fines, qui évoqueront des fleurs. Ces fleurs se conserveront quelques jours dans un bol d'eau glacée.

Concombre aigre-doux

Tangcu Huanggua

1 concombre
1 cuillère à café de sel
2 cuillères à soupe de sucre en poudre
2 cuillères à soupe de vinaigre
1 cuillère à soupe d'huile de sésame
lamelles de poivron rouge et de poivron jaune
(facultatif)

Coupez le concombre, sans l'éplucher, en deux dans le sens de la longueur, puis en trois, pour obtenir six longs morceaux. Coupez ensuite chaque morceau en tronçons de 2,5 cm. Placez-les dans un bol avec le sel, le sucre et le vinaigre, laissez mariner 10-15 minutes.
 Pour servir, placez le concombre dans un bol de service ; ajoutez l'huile de sésame et mélangez bien. Garnissez de lamelles de poivron rouge et jaune. Servez à la température de la pièce ou refroidi.
Note : choisissez un concombre mince et vert foncé.

Tofu braisé, germes de soja et haricots verts frits et concombre aigre-doux

Salade de soja

Laingban Douyar

*500 g de germes de soja frais
sel
2 œufs
1 cuillère à soupe d'huile
100 g de jambon cuit, coupé en fines lanières*

Assaisonnement :
*2 cuillères à soupe d'huile
2 cuillères à soupe de vinaigre
1 cuillère à soupe d'huile de sésame
poivre noir fraîchement moulu*

Lavez les germes de soja à l'eau froide. Faites-les blanchir 1 minute dans une grande casserole d'eau salée bouillante. Égouttez, rincez à l'eau froide, égouttez de nouveau et réservez.

Battez légèrement les œufs avec une pincée de sel. Faites chauffer l'huile dans une poêle à fond épais, ajoutez les œufs de façon à obtenir une fine omelette. Ôtez de la poêle, laissez refroidir, puis coupez en fines lanières.

Pour servir, mettez tous les ingrédients de l'assaisonnement dans un récipient, mélangez bien. Disposez les germes de soja dans un grand bol, ajoutez la sauce, remuez doucement pour bien mélanger. Transférez sur un plat de service, disposez les lanières de jambon et d'omelette sur la salade. Servez frais.
Pour 6-8 personnes

Note : utilisez des germes de soja frais et non des germes en conserve pour cette recette, car ils doivent être bien croquants.

Germes de soja et haricots verts frits

Douya Chao Caidou

*500 g de germes de soja frais
250 g de haricots verts fins
3-4 cuillères à soupe d'huile
1 ciboule, hachée
1 cuillère à café de sel
1 cuillère à café de sucre en poudre
huile de sésame, pour assaisonner*

Lavez et rincez les germes de soja à l'eau froide. Égouttez-bien. Enlevez les extrémités des haricots verts, coupez-les en deux.

Faites chauffer l'huile dans un wok jusqu'à ce qu'elle fume, ajoutez la ciboule, puis les haricots verts et remuez plusieurs fois. Ajoutez les germes de soja, laissez cuire 30 secondes en remuant, salez et sucrez, remuez encore 1 minute. Assaisonnez de quelques gouttes d'huile de sésame avant de servir.
Note : n'utilisez pour cette recette que des germes de soja frais.

CHINE

Salade de légumes à la chinoise

Ban Zajin

1/2 tête de chou chinois ou 1 cœur de céleri
1 poivron vert, épépiné
1 poivron rouge, épépiné

Assaisonnement :
1 cuillère à café de sel
1 cuillère à café de sucre en poudre
4 cuillères à soupe de sauce soja
2 cuillères à soupe d'huile de sésame

Enlevez et jetez les parties dures du chou, puis coupez-le en lanières épaisses (si vous utilisez du céleri, coupez les côtes en tranches épaisses). Coupez les poivrons diagonalement, en fines lanières.

Mettez le chou ou le céleri dans un bol, disposez les poivrons sur le dessus. Saupoudrez de sel et de sucre ; laissez reposer quelques minutes. Pour servir, assaisonnez de sauce soja et d'huile de sésame, remuez bien.

Pour 4-6 personnes
Note : la plupart des « salades » comportent en fait des légumes légèrement cuits et servis froids. Cette recette, à base de légumes crus, fait exception.

Haricots verts sautés

Ganchao Biandou

1/2 cube de bouillon de poule
15 cl de bouillon clair (voir page 12)
500 g de haricots verts
3 cuillères à soupe d'huile
25 g de beurre
4-6 gousses d'ail, pilées
2 ciboules, en rondelles
1 cuillère à café de sel
1 cuillère à soupe de sauce soja
1 cuillère à café de sucre
1 cuillère à soupe de vin blanc

Faites dissoudre à feu moyen le cube de bouillon dans le bouillon clair, dans une grande casserole. Ajoutez les haricots verts et laissez mijoter jusqu'à évaporation du liquide, sans cesser de remuer.

Faites chauffer l'huile et le beurre dans une casserole. Ajoutez l'ail, les ciboules et le sel. Faites cuire 30 secondes en remuant. Ajoutez les haricots, tournez-les pour bien les enrober de graisse. Arrosez de sauce soja, de sucre et de vin. Continuez la cuisson en remuant 1 minute. Servez chaud.

Note : ce plat accompagne parfaitement riz et viande.

Poisson fumé de Chang-Hai (page 42) et salade de légumes à la chinoise

Ragoût végétarien

Su Shijin

*2-3 cuillères à soupe de champignons noirs,
ou 5-6 champignons parfumés
250 g de tofu ferme
sel
4 cuillères à soupe d'huile
100 g de carottes, épluchées, en rondelles
100 g de haricots mange-tout, préparés
100 g de laitue, en lanières
100 g de pousses de bambou en boîte, en rondelles,
ou de petits épis de maïs doux
1 cuillère à café de sucre
1 cuillère à soupe de sauce soja
1 cuillère à café de maïzena
1 cuillère à café d'huile de sésame (facultatif)*

Laissez tremper les champignons dans de l'eau 25-30 minutes, puis égouttez. Jetez les pieds durs et émincez les champignons.

Coupez chaque cube de tofu en 12 morceaux environ, passez-les dans de l'eau bouillante légèrement salée 2-3 minutes pour qu'ils deviennent fermes. Retirez-les avec une écumoire et égouttez.

Chauffez la moitié de l'huile dans une casserole à fond épais. Faites-y frire le tofu jusqu'à ce qu'il soit bien doré. Réservez le tofu, puis chauffez le reste de l'huile dans la casserole. Faites-y frire les légumes 1-2 minutes sans cesser de remuer. Ajoutez le tofu, 1 cuillère à café de sel, le sucre et la sauce soja, remuez bien. Couvrez, réduisez le feu, laissez cuire 2-3 minutes.

Pendant ce temps, délayez la maïzena avec 1 cuillère à soupe d'eau froide pour former une pâte lisse. Versez sur les légumes et remuez. Laissez épaissir à feu vif, puis assaisonnez avec l'huile de sésame.

Chou chinois et champignons braisés

Baipa Erbai

*500 g de chou chinois
350 g de champignons de Chine ou de Paris
en conserve ou 250 g de champignons frais
4 cuillères à soupe d'huile
2 cuillères à café de sel
1 cuillère à café de sucre
1 cuillère à soupe de maïzena
3 cuillères à soupe de lait*

Détachez et lavez les feuilles du chou, coupez-les ensuite en deux dans le sens de la longueur. Égouttez les champignons en boîte. (N'épluchez pas les champignons frais : lavez-les simplement et coupez la base terreuse).

Chauffez la moitié de l'huile dans un wok, ajoutez le chou et laissez cuire en remuant 1 minute environ. Ajoutez 1 1/2 cuillère à café de sel et le sucre ; continuez à remuer 1 minute environ. Retirez les feuilles de chou, disposez-les sur le plat de service chaud. Réservez au chaud pendant que vous faites la sauce.

Délayez la maïzena avec 3 cuillères à soupe d'eau froide pour constituer une pâte lisse. Chauffez le reste d'huile dans le wok, ajoutez les champignons et le reste de sel, remuez 1 minute environ.

Ajoutez la pâte de maïzena et le lait aux champignons, mélangez bien pour obtenir une sauce lisse, blanche et épaisse. Versez régulièrement la sauce sur le chou et servez aussitôt.

Salade d'épinards

Laingban Bocai

*750 g d'épinards, préparés et lavés
sel
2 cuillères à soupe d'huile de sésame
1 cuillère à café de sucre
2 cuillères à soupe de vinaigre de vin rouge
3 cuillères à soupe de sauce soja
1 cuillère à café de moutarde*

Faites cuire les épinards dans de l'eau bouillante salée jusqu'à ce qu'ils soient juste tendres. Égouttez-les bien, passez-les sous l'eau froide. Égouttez-les de nouveau, en exprimant toute l'eau. Coupez chaque feuille en 3 ou 4 morceaux et laissez refroidir. Mélangez dans un bol les autres ingrédients. Versez sur les épinards et remuez bien avant de servir frais.

Germes de soja au concombre

Douya Ban Huanggua

*500 g de germes de soja frais
1/2 concombre râpé
50 g de crevettes séchées ayant trempé 20 minutes,
égouttées*

Sauce :
*1 cuillère à café de sauce soja
1 cuillère à café de sel
1 cuillère à café de vinaigre de vin
2 cuillères à café d'huile de sésame
une grosse pincée de sucre*

Recouvrez les germes de soja d'eau bouillante, puis égouttez. Disposez le concombre râpé sur un plat de service, empilez les germes de soja par-dessus. Ajoutez les crevettes.

Mélangez les ingrédients de la sauce et versez sur les légumes avant de servir.

Légumes sautés

Zhi Wu Si Bao

*5-6 champignons parfumés
ou 50 g de champignons de Paris
250 g de chou chinois ou de romaine
200 g de carottes, épluchées
100 g de haricots verts
4 cuillères à soupe d'huile
1 cuillère à café de sel
1 cuillère à café de sucre en poudre
1 cuillère à soupe de sauce soja*

Faites tremper les champignons dans de l'eau tiède 25-30 minutes, puis égouttez-les et pressez-les pour en exprimer l'eau. Jetez les pieds durs ; coupez les champignons en lamelles. (N'épluchez pas les champignons frais : lavez-les simplement avant de les couper).

Coupez le chou en lanières et les carottes diagonalement en fines lamelles. Enlevez les extrémités des haricots verts ; laissez les petits entiers, coupez les gros en deux.

Chauffez l'huile dans un wok jusqu'à ce qu'elle fume, ajoutez le chou et les carottes ; remuez 30 secondes ; ajoutez ensuite les haricots verts et les champignons, continuez à remuer 30 secondes environ, puis salez et sucrez. Remuez bien les ingrédients et ajoutez ensuite la sauce soja. Les légumes produisent généralement assez de jus et il ne devrait donc pas être nécessaire d'allonger la sauce. Faites cuire pendant 1 minute au maximum. Disposez dans un plat de service chaud et servez.

Tofu sauté au porc et au chou

Jiachang Doufu

*1 cube de tofu, en carrés de 3-4 cm de côté
3 cuillères à soupe d'huile
250 g de porc maigre, en morceaux de la taille d'une bouchée
1 ciboule, hachée
2 tranches de gingembre, hachées
2 cuillères à café de sel
1 cuillère à soupe de vin blanc sec
1 l de bouillon clair (page 12)
500 g de chou chinois, en lanières*

Mettez le tofu au congélateur une nuit. Décongelez à l'eau chaude, égouttez.

Chauffez l'huile dans une poêle. Ajoutez le porc, la ciboule, le gingembre et le tofu. Faites dorer sans cesser de remuer. Ajoutez le sel, le vin et le bouillon, amenez à ébullition. Couvrez et laissez mijoter 10 minutes.

Ajoutez le chou, laissez mijoter 10 minutes environ jusqu'à ce qu'il soit tendre. Servez chaud.
Note : les petits trous visibles dans le tofu après décongélation permettent au jus de cuisson de parfumer le tofu. Ne le congelez pas plus de 12 heures, car il durcirait.

Salade d'aubergines rafraîchies

Liangban Qiezi

*750 g d'aubergines, pelées
2 cuillères à soupe d'huile
100 g de crevettes séchées ayant trempé 15 minutes, égouttées et hachées
4 cuillères à soupe de pâte de sésame
4 cuillères à soupe d'eau
4 cuillères à soupe de ciboules hachées
1 gousse d'ail, pilée (facultatif)
3 cuillères à soupe de sauce soja
2 cuillères à soupe de vinaigre de vin
1 cuillère à café de sucre*

Faites tremper les aubergines 5 minutes pour empêcher qu'elles ne noircissent ; égouttez. Faites-les cuire à la vapeur 20 minutes ou jusqu'à ce qu'elles soient tendres.

Coupez chaque aubergine en quatre dans le sens de la longueur, laissez-les refroidir sur un plat, puis réservez au réfrigérateur. Chauffez l'huile dans une poêle. Faites-y sauter les crevettes 1 minute. Retirez du feu, laissez refroidir.

Mouillez peu à peu la pâte de sésame avec l'eau, puis ajoutez les crevettes, les ciboules, l'ail, la sauce soja, le vinaigre et le sucre. Mélangez bien. Versez sur les aubergines et servez froid.
Note : les aubergines peuvent aussi être cuites au four. Des graines de sésame moulinées mélangées à de l'huile ou du beurre de cacahuètes peuvent remplacer la pâte de sésame.

Courgettes sautées aux champignons

Xianmo Chao Qinggua

*5 cuillères à soupe d'huile
1 cuillère à café de sel
1 cuillère à café de poivre blanc fraîchement moulu
100 g de champignons de Paris, en lamelles
100 g de courgettes, en rondelles fines*

Faites chauffer 4 cuillères à soupe d'huile dans un wok. Ajoutez le sel, le poivre et les champignons, faites revenir 2 minutes environ ou jusqu'à ce que les champignons changent de couleur. Réservez les champignons dans un plat chaud et essuyez le wok avec du papier absorbant.

Faites chauffer de nouveau le wok, ajoutez la dernière cuillère à soupe d'huile. Ajoutez les courgettes, faites sauter 1 minute. Remettez les champignons dans le wok, faites sauter 30 secondes. Disposez dans un plat chaud et servez aussitôt.

Poulet aux noix sauce piquante (page 57) et légumes sautés

Trois champignons à la sauce d'huîtres

Haoyou Sangu

*2 cuillères à soupe d'huile
100 g de petits champignons parfumés ayant trempé
20 minutes, égouttés et équeutés
25 cl de bouillon clair (voir page 12)
250 g de champignons de Chine, égouttés
100 g de champignons de Paris
3 cuillères à soupe de sauce d'huîtres
1 cuillère à café de sucre
1 cuillère à café de maïzena, délayée avec 2 cuillères à café d'eau*

Faites chauffer l'huile dans une casserole. Ajoutez les champignons parfumés, laissez cuire en remuant 1 minute. Ajoutez le bouillon, amenez à ébullition, réduisez ensuite le feu et laissez cuire 15-20 minutes ou jusqu'à ce que les champignons soient tendres.

Ajoutez les champignons chinois et de Paris, faites cuire 1 minute en remuant constamment. Ajoutez la sauce d'huîtres, le sucre et la maïzena. Continuez la cuisson jusqu'à épaississement. Disposez les champignons sur un plat de service et servez chaud.
Pour 4-6 personnes

Fèves sautées

Biandou Chao Zhacai

*2 1/2 cuillères à soupe d'huile
100 g de chou au vinaigre (pickles), haché
1 1/2 cuillère à café de sucre
500 g de fèves surgelées, blanchies, sans la peau
3 ciboules, hachées
une pincée de sel
poivre blanc fraîchement moulu*

Chauffez 1 cuillère à soupe d'huile dans un wok. Faites-y revenir le chou 1 minute environ. Saupoudrez d'une cuillère à café de sucre, puis réservez le chou dans un bol.

Essuyez le wok avec du papier absorbant, chauffez de nouveau. Ajoutez le reste d'huile, faites sauter les fèves et les ciboules avec le sel, le poivre et le reste de sucre.

Continuez la cuisson jusqu'à ce que la couleur change, puis remettez le chou, mélangez bien et disposez dans un plat de service chaud. Servez chaud ou froid comme hors-d'œuvre.

CHINE

VIANDE

Le porc est largement employé dans la cuisine chinoise. Le bœuf et l'agneau sont aussi utilisés, mais dans une moindre mesure. La viande étant généralement coupée en petits morceaux et cuite rapidement, il est important d'utiliser de la viande maigre de bonne qualité. Les tranches doivent être fines et courtes (environ 2,5 cm de long). Les lamelles doivent être aussi larges qu'épaisses et les cubes faire environ 1 cm de côté. Utilisez un couteau bien aiguisé et coupez dans le sens de la viande. Les quantités données sont souvent peu importantes car la viande est cuite avec plusieurs autres ingrédients.

Jambon aux graines de lotus

Mizhi Huotui

*1 épaisse tranche de jambon (5 cm), de 1 kg
3 cuillères à soupe de cassonade
une pincée de cannelle
6 cuillères à soupe d'eau
100 g de graines de lotus ou de cacahouètes*

Sauce au miel :
*3 cuillères à soupe de miel
1 1/2 cuillère à soupe de sucre
2 cuillères à café de maïzena
3 cuillères à soupe d'eau*

Mettez le jambon dans un plat à four et placez le tout dans une cocotte à vapeur. Laissez cuire 1 heure. Coupez le jambon en 8 morceaux, puis reformez la tranche.
   Chauffez la cassonade, la cannelle et l'eau jusqu'à dissolution du sucre. Ajoutez les graines de lotus, gardez sur le feu 2 minutes sans cesser de remuer.
   Nappez le jambon de ce mélange. Remettez le plat dans la cocotte, laissez à feu régulier 1 1/2 heure.
   Pour la sauce, faites chauffer tous les ingrédients sans cesser de remuer jusqu'à épaississement du mélange. Versez sur le jambon. Il doit être assez tendre pour qu'on puisse en couper des morceaux avec des baguettes. Servez chaud.

Boulettes de viande

Zha Rou Wanzi

*500 g de porc émincé
1 cuillère à café de gingembre râpé
2 cuillères à soupe de maïzena
une grosse pincée de sel
1 œuf
1 cuillère à soupe de sauce soja
2 cuillères à soupe de farine
huile de friture
roses de tomate (voir note) et tranches de citron
pour garnir*

Mélangez bien tous les ingrédients (sauf les roses et le citron), formez de petites boulettes. Faites-les frire, quelques-unes à la fois, en les retournant souvent, jusqu'à ce qu'elles remontent à la surface. Égouttez-les et laissez un peu refroidir.
   Remettez-les dans l'huile, faites-les frire encore 1 minute pour qu'elles deviennent croustillantes. Égouttez-les sur du papier absorbant, puis disposez-les sur le plat de service.
   Garnissez de tranches de citron et de roses de tomate. Servez chaud avec de la sauce Hoisin, du ketchup et un mélange sel-poivre.
Pour 2-4 personnes
Note : pour faire une rose, épluchez une tomate ferme de façon à obtenir une longue pelure. Enroulez cette pelure en forme de rose, figurez le cœur avec un brin de persil.

CHINE

Porc laqué et hachis aux germes de soja

Porc laqué

Cha Shao

*1 épaule de porc de 1 kg,
en morceaux de 5 × 5 × 10 cm*

Marinade :
*2 cuillères à soupe de sauce soja
2 cuillères à soupe de vin blanc sec
2 cuillères à café d'huile de sésame
1 cuillère à café de sel
2 cuillères à café de gingembre haché
2 cuillères à soupe de miel
50 g de sucre
1-2 gousses d'ail, pilées*

Mélangez les ingrédients de la marinade dans un plat. Laissez-y mariner la viande 6 heures au moins au frais, en la retournant de temps en temps.

Placez les morceaux de porc sur la grille du four au-dessus de la lèchefrite. Faites rôtir à four moyen (180 ºC, thermostat 4) 40-45 minutes ou jusqu'à ce qu'il soit tendre, en arrosant fréquemment du jus de cuisson.

Découpez en portions, disposez sur un plat. Servez chaud ou froid.
Pour 6 personnes

Note : on utilise la viande ainsi grillée pour confectionner de petits rouleaux (page 15), très appréciés des Chinois pour le déjeuner ou comme en-cas.

Hachis aux germes de soja

Douya Hui Roumo

*500 g de porc ou de bœuf haché
1 cuillère à soupe de vin blanc sec
1 cuillère à soupe de sauce soja
1 cuillère à café de maïzena
2 cuillères à soupe d'huile
2 ciboules, hachées
500 g de germes de soja frais
1 cuillère à café de sel*

Mélangez la viande avec le vin, la sauce soja et la maïzena. Chauffez l'huile dans une poêle. Faites-y cuire le mélange sans cesser de remuer jusqu'à ce qu'il prenne de la couleur. Ajoutez les autres ingrédients et poursuivez la cuisson, en remuant, 2 minutes, ou jusqu'à ce que la viande et les germes de soja soient tendres. Servez chaud.

VIANDE

CHINE

Porc au maïs

Porc sauté au soja

Douya Chao Roupian

*500 g de porc maigre, en tranches fines
2 cuillères à soupe de sauce soja
4 cuillères à soupe d'huile
sel et poivre fraîchement moulu
350 g de germes de soja frais
4 ciboules en morceaux de 2,5 cm
1 cuillère à café de sucre
2 cuillères à soupe d'eau bouillante
1 1/2 cuillère à soupe de vin blanc sec
500 g de riz cuit chaud*

Coupez les tranches de porc en morceaux de 2,5 cm. Mélangez-les avec la moitié de la sauce soja et 1 cuillère à soupe d'huile. Salez et poivrez

Chauffez le reste d'huile dans une poêle à feu très vif. Faites-y sauter le porc 2 minutes, retirez-le avec une écumoire. Faites sauter les germes de soja et les ciboules 1 minute dans la poêle. Ajoutez le reste de sauce soja, le sucre et l'eau. Laissez 30 secondes. Ajoutez le porc, le vin, laissez cuire encore 1 minute.

Disposez le riz cuit dans un plat de service chaud, puis le contenu de la poêle sur le dessus. Servez chaud.

Porc au maïs

Roupian Chao Shijing

*1 cuillère à soupe de vin blanc sec
1 cuillère à soupe de sauce soja
1 1/2 cuillère à café de maïzena
500 g de porc dans le filet en tranches très fines
1 cuillère à soupe d'huile
50 g de mange-tout
1 cuillère à café de sel
450 g de petits épis de maïs doux, égouttés
450 g de champignons de Chine, égouttés
2 cuillères à café de sucre*

Mélangez le vin et la sauce soja avec 1 cuillère à café de maïzena. Enrobez le porc de ce mélange. Faites dorer le porc dans l'huile, sans cesser de remuer. Ajoutez les mange-tout et le sel, laissez cuire 30 secondes en remuant. Ajoutez le maïs et les champignons, continuez la cuisson 1 minute en remuant toujours.

Saupoudrez de sucre. Mouillez le reste de la maïzena avec 2 cuillères à café d'eau, mettez cette pâte dans la poêle, remuez jusqu'à épaississement. Transférez dans un plat de service, servez chaud.

Porc cantonais

Kulu Rou

*500 g de porc dans le filet, en cubes de 2,5 cm
1 cuillère à café de sel
poivre fraîchement moulu
1/2 cuillère à café de cinq-épices
2 cuillères à soupe de vin blanc sec
1 œuf
3 cuillères à soupe de maïzena
huile pour friture
2 cuillères à soupe d'huile
1 gousse d'ail, pilée
1 oignon, haché grossièrement
1-2 poivrons verts, épépinés, en petits morceaux
250 g de morceaux d'ananas en conserve avec le jus
3 cuillères à soupe de vinaigre de vin
50 g de sucre
4 cuillères à soupe de ketchup
ananas et cerises pour décorer*

Amenez à ébullition une casserole d'eau. Faites-y bouillir le porc jusqu'à ce qu'il change de couleur. Égouttez-le, laissez refroidir et séchez avec du papier absorbant. Mélangez bien le sel, le poivre, le cinq-épices, le vin, l'œuf, la maïzena. Enrobez bien la viande de ce mélange, puis faites-la frire dans l'huile jusqu'à ce que le porc ait pris une bonne couleur brune. Égouttez sur du papier absorbant.

Chauffez 2 cuillères à soupe d'huile dans une poêle. Faites-y dorer l'ail. Ajoutez l'oignon et le poivron, faites cuire 1 minute sans cesser de remuer. Ajoutez le jus d'ananas, le vinaigre, le sucre et le ketchup, en remuant toujours. Continuez la cuisson jusqu'à épaississement. Ajoutez l'ananas et remuez pour qu'il soit bien chaud. Servez aussitôt garni d'ananas et de cerises.

Porc Mu-Hsu

Chao Muscu Rou

*25 g de fleurs de lis jaune ayant trempé
dans de l'eau tiède 20 minutes
15 g de champignons noirs ayant trempé
dans de l'eau tiède 20 minutes
4 œufs
sel
3 cuillères à soupe d'huile
4 ciboules émincées
250 g de porc dans le filet, émincé
1 cuillère à soupe de sauce soja
1 cuillère à café de vin blanc sec ou demi-sec
1 cuillère à café d'huile de sésame*

Égouttez les fleurs et les champignons, jetez toutes les parties dures et hachez fin.

Battez les œufs avec un peu de sel. Chauffez 1 cuillère à soupe d'huile dans un wok. Brouillez-y légèrement les œufs, retirez-les du wok avant qu'ils ne prennent trop.

Chauffez le reste d'huile dans le wok. Ajoutez les ciboules et le porc. Remuez sans cesse. Lorsque le porc a changé de couleur, ajoutez les fleurs, les champignons, la sauce soja et le vin. Laissez cuire 2 minutes environ en remuant, puis ajoutez les œufs brouillés et l'huile de sésame. Mélangez bien. Servez chaud.
Pour 3-4 personnes
Note : Mu-Hsu est le nom chinois d'un laurier qui porte des fleurs jaunes parfumées en automne. Ce plat très coloré en évoque l'éclat. Il est souvent utilisé pour garnir les crêpes Mandarin (page 51).

Porc et légumes sautés

Zahui Liji

*250 g de porc dans le filet
1 cuillère à soupe de sauce soja
1 cuillère à soupe de Siu Sin Chiew ou de vin blanc sec
1 cuillère à café de sucre
2 cuillères à café de maïzena
250 g de chou chinois, de blettes, d'épinards
ou de romaine
100 g de haricots verts ou de mange-tout
100 g de chou-fleur ou de brocolis
4 cuillères à soupe d'huile
1-2 carottes, pelées, en rondelles
1-2 ciboules, en petits bâtonnets
2 cuillères à café de sel*

Coupez le porc en petites tranches fines. Mettez-le dans un bol avec la sauce soja, le vin et le sucre. Délayez la maïzena avec 1 cuillère à soupe d'eau pour faire une pâte lisse, ajoutez-la au bol, mélangez bien.

Lavez les légumes verts, coupez-les en morceaux de la même taille que les tranches de porc.

Chauffez environ la moitié de l'huile dans un wok, ajoutez le contenu du bol et faites cuire, sans cesser de remuer, 1 minute ou jusqu'à ce que le porc change de couleur. Retirez le porc avec une écumoire et réservez.

Chauffez le reste d'huile dans le wok. Mettez les ciboules et tous les légumes. Faites cuire 1 minute environ, en remuant toujours, salez, remuez encore plusieurs fois. Remettez le porc dans le wok, continuez à remuer pendant 1 minute environ, en ajoutant un peu de bouillon ou d'eau si nécessaire. Servez lorsque la sauce commence à frémir.
Pour 3-4 personnes
Note : cette recette de base est utilisée pour la cuisson de toute viande (porc, bœuf ou volaille) avec des légumes - généralement de plusieurs sortes, selon la saison.

Porc rouge

Hongshao Zhuti

4 champignons parfumés, ayant trempé 30 minutes dans de l'eau tiède
1 jambonneau ou 1 épaule de porc de 1,5 kg
1 gousse d'ail, pilée
6 cuillères à soupe de sauce soja
3 cuillères à soupe de vin blanc sec ou demi-sec
3 cuillères à soupe de sucre cristallisé ou brun
1 cuillère à café de cinq-épices

Pour garnir :
1 carotte, en rondelles fines
1 ciboule, émincée

Pressez les champignons pour en exprimer l'eau. Jetez les pieds.

Mettez le porc dans une grande casserole d'eau froide. Faites-le bouillir quelques minutes, puis égouttez-le. Rincez-le à l'eau froide, égouttez-le de nouveau.

Remettez le porc dans la casserole nettoyée. Ajoutez les autres ingrédients. Couvrez hermétiquement et amenez à ébullition.

Réduisez le feu et laissez mijoter 2-3 heures, en retournant le porc plusieurs fois durant la cuisson. Il doit rester très peu de liquide ; si nécessaire, laissez mijoter à découvert, à feu plus vif, jusqu'à réduction et épaississement du liquide.

Servez chaud ou froid, garni de rondelles de carottes et de ciboules.

Pour 4-6 personnes

Note : le porc rouge doit être assez tendre pour qu'on puisse en détacher des morceaux avec des baguettes ou une fourchette.

Porc bouilli à la racine de lotus

Zhurou Dun Ou

500 g de racine de lotus fraîche ou en boîte, épluchée
1 cuillère à soupe de vinaigre
1 kg de porc dans le filet, coupé en quatre
1 cuillère à café de sel
3 tranches de gingembre
3 ciboules
2 cuillères à café d'ail pilé
3 cuillères à soupe de sauce soja
quelques ciboules pour garnir

Si vous utilisez de la racine de lotus fraîche, faites-la tremper dans de l'eau froide vinaigrée pour qu'elle ne noircisse pas, puis laissez sécher 15 minutes.

Mettez le porc, le sel, le gingembre et les ciboules dans une casserole. Recouvrez d'eau bouillante, faites mijoter 40-60 minutes, ou jusqu'à ce que le porc soit tendre. Égouttez le porc, laissez-le refroidir.

Émincez le porc et la racine de lotus, disposez-les sur un plat de service. Garnissez avec les ciboules.

Mélangez l'ail et la sauce soja dans un bol, servez pour accompagner le porc.

Note : en juillet et en août à Pékin, dans toutes les pièces d'eau, on peut admirer de magnifiques nénuphars roses et blancs. Le tubercule de ces fleurs, qui fait environ 20 cm de long et 5 cm de diamètre, est la racine de lotus, un des légumes chinois les plus populaires.

Porc aux pousses de bambou

Dongsun Chao Rousi

250 g de porc maigre désossé, émincé
1 cuillère à café de vin blanc sec
2 cuillères à soupe de sauce soja
3 cuillères à soupe d'huile
1 gousse d'ail, hachée
300 g de pousses de bambou, en lamelles
2 cuillères à café de vinaigre
ciboule et tomate émincées pour garnir

Mélangez le porc avec le vin et 1/2 cuillère à soupe de sauce soja, et laissez mariner 20 minutes environ.

Chauffez l'huile dans un wok, faites-y dorer l'ail. Retirez-le avec une écumoire et jetez-le.

Faites cuire le porc dans le wok, sans cesser de remuer jusqu'à ce qu'il change de couleur. Ajoutez les pousses de bambou, le reste de sauce soja et le vinaigre, poursuivez la cuisson 30 secondes environ en remuant. Servez chaud garni de ciboule et de tomate.

Aubergines et porc sauce piquante

Yuxiang Qiezi

200 g de porc maigre désossé, émincé
2 ciboules, hachées
1 tranche de gingembre frais, épluchée et hachée
1 gousse d'ail, hachée
1 cuillère à soupe de sauce soja
1 cuillère à café de vin blanc sec
1 1/2 cuillère à café de maïzena
60 cl d'huile pour friture
250 g d'aubergines, en losanges
1 cuillère à soupe de sauce aux piments
3-4 cuillères à soupe de bouillon de poule ou d'eau
ciboule émincée pour garnir

Mélangez le porc avec les ciboules, le gingembre, l'ail, la sauce soja, le vin et la maïzena. Laissez mariner 20 minutes environ.

Chauffez l'huile dans un wok ou une friteuse. Réduisez le feu, faites frire les losanges d'aubergine 1 1/2 minute environ. Retirez-les avec une écumoire et égouttez-les.

Enlevez l'huile en laissant 1 cuillère à soupe au fond

Poivron vert sauté au porc (page 36) et porc aux pousses de bambou

du wok ou de la friteuse. Faites-y cuire le porc en remuant, 1 minute environ. Ajoutez l'aubergine et la sauce aux piments, laissez cuire 1 1/2 minute environ puis mouillez de bouillon ou d'eau. Faites mijoter jusqu'à évaporation presque totale du liquide. Servez chaud, garni de ciboule.
Pour 3-4 personnes

Bœuf aux mange-tout

Xuedo Niurou

*250 g de bifteck, en tranches fines
2 cuillères à soupe de sauce d'huîtres
1 cuillère à soupe de vin blanc sec ou demi-sec
1 cuillère à café de maïzena
4 cuillères à soupe d'huile
2 ciboules, en bâtonnets de 2,5 cm
1 tranche de gingembre frais, épluchée, en bâtonnets
250 g de mange-tout préparés
1 cuillère à café de sel
1 cuillère à café de sucre*

Mélangez le bœuf avec la sauce d'huîtres, le vin et la maïzena. Laissez mariner 20 minutes environ.

Chauffez la moitié de l'huile dans un wok ou une poêle. Faites-y sauter les ciboules et le gingembre quelques secondes, puis ajoutez le bœuf. Poursuivez la cuisson jusqu'à ce qu'il soit bien doré, transférez dans un plat de service chaud, réservez au chaud.

Chauffez le reste d'huile dans le wok. Ajoutez les mange-tout, le sel et le sucre, faites cuire, sans cesser de remuer, 2 minutes environ. (Les mange-tout ne doivent pas cuire trop longtemps pour garder consistance et couleur).

Mélangez bien les mange-tout avec le bœuf et servez chaud.
Pour 2 personnes

CHINE

Cinq-fleurs

Hui Gou Rou

350 g de panse de porc en un morceau, pas trop maigre
100 g de pousses de bambou
100 g de côtes de céleri
3 cuillères à soupe d'huile
2 ciboules, taillées en bâtonnets
1 gousse d'ail, hachée
2 cuillères à soupe de vin blanc sec
2 cuillères à soupe de sauce soja

Faites cuire la panse à l'eau bouillante 25-30 minutes. Retirez-la et laissez refroidir. Découpez en tranches fines d'environ 5 × 2,5 cm, en coupant contre le sens des fibres. Découpez les pousses de bambou et le céleri en morceaux de même taille.

Chauffez l'huile dans le wok jusqu'à ce qu'elle fume, ajoutez les ciboules et l'ail, puis les légumes et remuez plusieurs fois. Ajoutez le porc, le vin et la sauce soja. Remuez sans cesse pendant 1-2 minutes. Servez chaud.

Pour 3-4 personnes

Note : la panse de porc est appelée « cinq fleurs » en Chine parce que les couches alternées de graisse et de viande forment un joli dessin rose et blanc lorsqu'elles sont vues en coupe. Servez avec des nouilles chinoises frites, de petits épis de maïs doux et des flageolets.

Poivron vert sauté au porc

Rousi Chao Ringjiao

75 g de saindoux
250 g de porc dans le filet, émincé
1 cuillère à soupe de sauce soja
1 cuillère à café de sucre
1 cuillère à soupe de vin blanc sec
2 poivrons verts, épépinés, en fines lanières
1 cuillère à café de sel
bouillon ou eau

Faites fondre 25 g de saindoux dans une poêle. Faites-y sauter le porc, jusqu'à ce qu'il change de couleur. Ajoutez la sauce soja, le sucre et le vin. Ôtez du feu lorsque le jus commence à bouillir.

Faites fondre le reste de saindoux dans une poêle propre. Ajoutez les poivrons, le sel et, si nécessaire,

Cinq-fleurs

un peu de bouillon. Remuez sans cesse pendant 1 minute. Ajoutez le porc et sa sauce. Lorsque la sauce commence à bouillir, transférez dans un plat de service et servez chaud.

Beignets à l'huile rouge

Hongyou Shuijiao

500 g de farine tamisée
15 cl d'eau bouillante
9 cl d'eau froide
500 g de porc émincé
100 g de crevette décortiquées, émincées
1 cuillère à soupe de gingembre haché
1 cuillère à soupe de ciboules hachées
1 1/2 cuillère à café de sel
1 cuillère à soupe de sauce soja
1 cuillère à café de sucre
1 cuillère à soupe d'eau
2 feuilles de chou chinois, en lanières
poivre fraîchement moulu
2 cuillères à café d'huile de sésame
huile de friture

Sauce d'accompagnement :
1 ciboule hachée
1 gousse d'ail, hachée
2 cuillères à soupe de beurre de cacahouète
2 cuillères à café de sauce soja
1 cuillère à café d'huile
2 cuillères à café de bouillon de poule

Mouillez la farine d'eau bouillante, et remuez pour obtenir une pâte ferme. Laissez reposer quelques minutes puis ajoutez l'eau froide. Pétrissez rapidement.

A part, mélangez les autres ingrédients, sauf l'huile de friture. Préparez également la sauce d'accompagnement en mélangeant les ingrédients.

Roulez la pâte pour former une longue saucisse. Divisez-la en tronçons de 5 cm. Roulez chaque morceau en boule, puis abaissez-le pour faire une petite crêpe. Placez 1 cuillère à soupe de farce sur chaque crêpe, repliez-la en demi-cercle. Pincez fortement les côtés pour fermer.

Faites frire les beignets dans l'huile 5-6 minutes. Égouttez sur du papier absorbant, servez chaud avec la sauce.

Gigot d'agneau épicé

Wuxiang Yangrou

1 gigot d'agneau de 2 kg

Sauce :
6 gousses d'ail, pilées
6 tranches de gingembre, émincées
2 oignons, en rondelles fines
1,2 l de bouillon
5 cuillères à soupe de sauce soja
3 cuillères à soupe de pâte de soja ou de sauce Hoisin
2 cuillères à café de piments secs
ou de sauce aux piments
1/2 cuillère à café cinq-épices
2 cuillères à soupe de sucre
30 cl de vin rouge
1 cube de bouillon de poule

Mélangez les ingrédients de la sauce dans une casserole, amenez à ébullition, laissez mijoter 45 minutes.

Placez le gigot dans une grande cocotte. Ajoutez la sauce. Amenez à ébullition puis laissez mijoter 1 1/2 heure, en tournant la viande trois fois. Éteignez le feu et laissez mariner la viande 3 heures (ou une nuit).

Une heure avant de servir, mettez le gigot dans un plat et faites cuire 1 heure à 180 °C (thermostat 4).

Découpez le gigot en grosses bouchées, servez chaud ou froid avec un mélange de sauce Hoisin, de sauce soja et de vin par exemple.

Pour 6-8 personnes

Note : l'agneau fut introduit en Chine du Nord par les Mongols, qui envahirent la Chine au XIIIe siècle. Les Chinois ont adapté ce plat mongol à leur goût.

Agneau de Pékin

Congbao Yangrou

1-2 ciboules, coupées en deux
250 g de gigot, dégraissé et émincé
1 cuillère à soupe de sauce soja
1 cuillère à soupe de vin blanc sec
2 cuillères à café de vinaigre
une grosse pincée de poivre fraîchement moulu
1 cuillère à soupe de maïzena
60 cl d'huile pour friture
1 gousse d'ail, pilée
250 g de poireaux, lavés, en morceaux de 2,5 cm
1 cuillère à café de sel
1 cuillère à café d'huile de sésame, pour assaisonner

Émincez les moitiés de ciboules en diagonale. Mélangez l'agneau avec les ciboules, la sauce soja, le vin, le vinaigre, le poivre, la maïzena et environ 1 cuillère à soupe d'huile. Couvrez et laissez mariner au moins 30 minutes, plusieurs heures si possible.

Chauffez l'huile dans un wok, ajoutez l'agneau ainsi que la marinade et faites frire 1-1 1/2 minute au maximum, sans cesser de remuer pour séparer les tranches de viande. Retirez la viande avec un écumoire, égouttez sur du papier absorbant.

Ne gardez dans le wok que 2 cuillères à soupe d'huile. Ajoutez l'ail puis les poireaux, faites sauter 1 minute environ. Salez, remettez l'agneau, continuez à remuer 1 minute environ. Ajoutez l'huile de sésame, mélangez bien. Servez chaud.

Pour 2 personnes

Note : il y a plus de 4 millions de chinois musulmans. Avec environ 6 millions de personnes appartenant à d'autres minorités nationale (les Ouïgours et les Mongols, qui ne mangent pas non plus de porc), ils constituent l'école de cuisine musulmane de Chine, dont cette recette est un bel exemple.

CHINE

Bœuf aux carottes

Loupu Men Niunan

2 cuillères à soupe d'huile
1 morceau de 2,5 cm de gingembre frais, épluché et haché
1 ciboule, hachée
1 gousse d'ail, pilée
750 g de bœuf pour ragoût, dégraissé, en morceaux de 1 cm de côté
4 cuillères à soupe de sauce soja
1 cuillère à soupe de vin blanc sec ou demi-sec
1 cuillère à soupe de sucre
1/2 cuillère à café de cinq-épices
500 g de carottes, pelées, en losanges

Chauffez l'huile dans une cocotte allant au feu. Ajoutez le gingembre, la ciboule et l'ail, en remuant bien pour mélanger. Faites sauter quelques minutes sans cesser de remuer.
 Ajoutez le bœuf et les autres ingrédients, sauf les carottes. Remuez doucement puis couvrez d'eau froide. Amenez à ébullition, puis réduisez le feu, couvrez et laissez mijoter 1 1/2 heure. Remuez de temps en temps pour assurer une cuisson régulière.
 Ajoutez les carottes, laissez mijoter encore 30 minutes ou jusqu'à ce que le bœuf et les carottes soient tendres. Transférez dans un plat de service chaud, servez aussitôt.
Note : ce plat est encore meilleur réchauffé, ce qui vous permettra aussi de dégraisser la sauce lorsqu'elle sera refroidie.

Tofu sauce pimentée

Ma Pao Doufu

2 cubes de tofu
4 cuillères à soupe d'huile
5 cuillères à soupe d'oignon haché
1 petite gousse d'ail, pilée
100 g de bœuf haché
3 piments, épépinés, hachés grossièrement
une grosse pincée de sucre
3 cuillères à soupe de sauce soja
2 cuillères à café de maïzena, délayée avec 4 cuillères à soupe d'eau

Faites blanchir le tofu à l'eau bouillante 1 minute. Égouttez, coupez en dés de 5 mm.
 Chauffez l'huile dans une poêle, faites-y sauter les oignons et l'ail 1 minute. Ajoutez la viande. Faites-la dorer sans cesser de remuer. Ajoutez le tofu, les piments, le sucre et la sauce soja. Amenez à ébullition.
 Ajoutez la maïzena, laissez mijoter en remuant jusqu'à épaississement de la sauce. Servez chaud.
Pour 2 personnes

Foie sauté aux épinards

Bocai Chao Zhugan

350 g de foie de porc, en fines tranches triangulaires
2 cuillères à soupe de maïzena
4 cuillères à soupe d'huile
500 g d'épinards frais, lavés et égouttés
1 cuillère à café de sel
2 tranches de gingembre frais, épluchées
1 cuillère à soupe de sauce soja
1 cuillère à soupe de vin blanc sec ou demi-sec
ciboule, en allumettes, pour garnir

Faites blanchir les triangles de foie quelques secondes à l'eau bouillante, puis égouttez-les et roulez-les dans la maïzena.
 Chauffez 2 cuillères à soupe d'huile dans un wok. Faites-y sauter 2 minutes les épinards avec le sel. Retirez-les du wok, disposez-les au bord d'un plat de service, réservez au chaud.
 Chauffez le reste d'huile dans le wok jusqu'à ce qu'elle commence à fumer. Ajoutez le gingembre, le foie, la sauce soja et le vin. Mélangez bien, puis versez au milieu des épinards.
 Servez aussitôt, garni de ciboule.
Note : ne faites pas trop cuire le foie, car il durcirait.

Queue de bœuf à la mandarine

Chenpi Shao Niuwei

1 queue de bœuf de 1 kg, en morceaux de 5 cm
1 cuillère à soupe d'huile
4 gousses d'ail, pilées
3 tranches de gingembre
écorce séchée d'un quart de mandarine, ayant trempé dans l'eau 10 minutes, égouttée, en lamelles
1 cuillère à café d'anis étoilé
3 cuillères à soupe de pâte de soja
1 cuillère à café de vin blanc sec
1,2 l d'eau
huile de friture
75 g de tofu pressé ayant trempé dans l'eau 20 minutes
1/2 cuillère à café de sel
1 cuillère à soupe de sucre
1 cuillère à café de sauce soja
1 cuillère à soupe de sauce d'huîtres
1 cuillère à café de maïzena, délayée avec 1 cuillère à soupe d'eau
4 ciboules, en morceaux de 5 cm

Mettez la queue de bœuf dans une casserole d'eau bouillante, laissez bouillir 5 minutes ; retirez et égouttez. Chauffez l'huile dans un wok, ajoutez l'ail, le gingembre, l'écorce de mandarine, l'anis, la pâte de soja, faites sauter 1 minute. Ajoutez la queue de bœuf, le vin et l'eau. Amenez à ébullition, couvrez, laissez mijoter 2 heures.

CHINE

Foie sauté aux épinards et aubergines et porc sauce piquante (page 34)

Pendant ce temps, faites frire les cubes de tofu dans l'huile jusqu'à ce qu'ils soient brun doré. Égouttez sur du papier absorbant.

Ajoutez le sel, le sucre, la sauce soja, la sauce d'huîtres et le tofu dans le wok. Laissez mijoter 30 minutes. Ajoutez la maïzena et remuez jusqu'à épaississement du mélange. Parsemez des ciboules et servez.

Foie sauté

Congbao Ganpian

*350 g de foie de veau ou d'agneau,
en tranches de 5 mm d'épaisseur
7 cuillères à soupe d'huile
6 ciboules, en morceaux de 5 cm
2 tranches de gingembre
50 g de champignons noirs ayant trempé 20 minutes,
égouttés, équeutés
2 cuillères à soupe de sauce soja
1 cuillère à café de sucre
1 cuillère à soupe de vinaigre de vin rouge
1 cuillère à soupe de vin blanc sec
1 cuillère à soupe de maïzena, délayée avec 25 cl d'eau*

Marinade :
*1/2 cuillère à café de sel
1/2 cuillère à café de poivre
2 cuillères à café de vin blanc sec
2 cuillères à café de maïzena
2 cuillères à café d'huile*

Pour garnir :
8 « fleurs » de ciboule (voir note)

Faites tremper le foie dans de l'eau froide 30 minutes. Égouttez sur du papier absorbant. Mélangez dans un bol les ingrédients de la marinade. Ajoutez les tranches de foie, laissez mariner 10 minutes.

Chauffez 5 cuillères à soupe d'huile dans un wok. Faites-y sauter très rapidement le foie jusqu'à ce qu'il change de couleur. Réservez dans un plat.

Chauffez le reste d'huile dans le wok, faites sauter les ciboules, le gingembre et les champignons 1 minute. Ajoutez la sauce soja, le sucre, le vinaigre, le vin, amenez à ébullition. Mettez le foie et la maïzena, laissez mijoter en remuant jusqu'à épaississement. Servez chaud, garni de fleurs de ciboule.

Note : pour les fleurs de ciboule, entaillez chaque extrémité sur 3-4 cm et placez les ciboules dans un bol d'eau glacé pour que les « fleurs » s'ouvrent.

VIANDE

Poisson et fruits de mer

Le poisson, très abondant en Chine, est à la base de nombreuses préparations culinaires. On l'achète toujours vivant sur les marchés et chez le poissonnier pour préserver sa fraîcheur. Comme la viande, le poisson est souvent coupé en rubans et sauté rapidement ou braisé avec d'autres ingrédients, tels que l'ail, le gingembre, l'oignon et le vin. Il doit être frit avec beaucoup de soin car sa chair délicate a tendance à se défaire si on la remue trop vigoureusement. Un poisson cuit entier est le plus souvent présenté à table artistiquement décoré de lamelles de légumes.
Les crustacés se prêtent particulièrement bien aux subtilités de la cuisine chinoise et il y a généralement au moins un plat de crevettes, de coquilles St-Jacques ou de crabe dans un repas chinois.

Poisson sauté au gingembre

Jiangcong Shao Yu

1 poisson de 750 g (mulet, brème, etc.)
1 cuillère à café de sel
2 cuillères à soupe de farine
3 cuillères à soupe d'huile
3 ciboules en morceaux de 2,5 cm
2-3 tranches de gingembre frais, épluchées et émincées

Sauce :
2 cuillères à soupe de sauce soja
2 cuillères à soupe de vin blanc sec ou demi-sec
15 cl de bouillon de poule ou d'eau
1 cuillère à café de maïzena
poivre noir fraîchement moulu

Pour garnir :
tomates coupées en deux
feuilles de coriandre
cerises

Nettoyez bien le poisson, en laissant les nageoires, la queue et la tête. Entaillez les deux côtés du poisson diagonalement avec un couteau bien aiguisé à intervalles de 5 mm en allant jusqu'à l'arête. Frottez le poisson de sel à l'intérieur et à l'extérieur, puis enrobez-le de farine de la tête à la queue. Faites chauffer l'huile dans un wok jusqu'à ce qu'elle soit très chaude. Réduisez un peu le feu, faites frire le poisson 2 minutes de chaque côté ou jusqu'à ce qu'il soit bien doré et croustillant, en le retournant avec soin. Sortez-le du wok.

Mélangez les ingrédients de la sauce. Augmentez le feu et ajoutez les ciboules et le gingembre dans le wok. Faites sauter quelques secondes, puis ajoutez la sauce et remettez le poisson dans le wok.

Laissez mijoter quelques minutes, puis transférez soigneusement le poisson dans un plat de service chaud et arrosez de sauce.

Servez chaud, garni de tomates, de feuilles de coriandre et de cerises.
Pour 3-4 personnes
Note : la peau d'un poisson entier doit être entaillée avant la cuisson pour l'empêcher d'éclater et pour permettre une pénétration plus rapide de la chaleur. La chair pourra aussi mieux s'imprégner des parfums des autres ingrédients.

Langoustines aux brocolis (page 46) et poisson sauté au gingembre

Poisson en pot de terre

Shaguo Doufu Yu

*500 g de filets de poisson blanc à chair ferme
(cabillaud, limande, églefin)
1 cuillère à soupe de maïzena
1 blanc d'œuf
quelques feuilles de laitue ou de romaine
500 g de tofu ferme, en petits cubes
3 cuillères à soupe de vin blanc sec
2 cuillères à soupe de sauce soja
1 cuillère à café de sucre
2 tranches de gingembre frais, épluchées
3 ciboules, en morceaux de 5 cm
sel et poivre fraîchement moulu
30 cl de bouillon clair (page 12) ou d'eau
50 g de jambon blanc, haché
1 cuillère à café d'huile de sésame, pour assaisonner*

Coupez le poisson en petits morceaux. Délayez dans un bol la maïzena avec 2 cuillères à soupe d'eau, ajoutez le blanc d'œuf et roulez le poisson dans ce mélange.

Tapissez de feuilles de laitue le fond et les côtés d'un pot de terre. Ajoutez le tofu et le poisson ainsi que le vin, la sauce soja, le sucre, le gingembre, les ciboules. Poivrez et salez à votre goût. Versez le bouillon dans le pot, ajoutez le jambon blanc. Amenez à ébullition sur feu vif, puis baissez le feu et couvrez hermétiquement. Laissez mijoter 15-20 minutes. Ne cuisez pas trop.

Assaisonnez d'huile de sésame et servez aussitôt dans le plat de cuisson ou dans un plat de service profond chaud.

Note : ce plat léger, faible en calories, contient beaucoup de protéines. Il est ainsi délicieux, très facile à préparer et à cuire, et économique. Servez-le avec d'autres plats chinois, du riz et des pâtes par exemple, ou seul si vous le trouvez assez substantiel. La sauce, assez abondante, peut être servie dans le plat ou en potage si on l'allonge d'eau ou de bouillon chaud. Le pot de terre et son couvercle utilisés pour cette recette sont vendus dans les grandes épiceries asiatiques. Vous pouvez les remplacer par une cocotte allant au feu.

Poisson sauce soja

Ganshao Yu

1 grand poisson ou 2 petits (mulet, carpe ou bar)
3 cuillères à soupe d'huile
1 gousse d'ail, pilée ou hachée
2 tranches de gingembre frais, épluchées et hachées
2 cuillères à soupe de pâte de soja pimentée
2 cuillères à soupe de vin blanc sec
1 cuillère à soupe de sauce soja
1 cuillère à café de sucre
1 cuillère à soupe de vinaigre
un peu de bouillon ou d'eau, si nécessaire
2 cuillères à café de maïzena
2 ciboules émincées, pour garnir

Écaillez et lavez le poisson. Avec un couteau aiguisé, entaillez les deux côtés du poisson en diagonale, jusqu'à l'arête, à 2 cm d'intervalle.

Chauffez l'huile dans un wok jusqu'à ce qu'elle fume. Faites frire le poisson 3-4 minutes, en le retournant une fois. Poussez le poisson sur le bord, ajoutez l'ail, le gingembre, la pâte de soja, le vin, la sauce soja, mélangez bien pour obtenir une pâte lisse.

Remettez le poisson au centre du wok, ajoutez le sucre, le vinaigre et un peu de bouillon si nécessaire. Laissez cuire 2-3 minutes, en retournant une fois le poisson. Délayez la maïzena avec 1 cuillère à soupe d'eau froide, mélangez à la sauce, laissez cuire jusqu'à épaississement. Transférez le poisson dans un plat de service chaud, nappez de sauce. Garnissez de ciboules et servez.

Note : en Chine, les poissons pesant moins de 1 kg sont souvent cuits entiers et servis à la fin d'un banquet. En effet, *Yu* (qui veut dire poisson) se prononce de la même façon que le caractère chinois qui signifie « de trop ». Les chinois aiment penser qu'il y a toujours quelque chose de trop sur la table.

Poisson fumé de Chang-Hai

Xun Yu

500 g de filets de poisson blanc (plie, cabillaud, églefin ou sole)
3 cuillères à soupe de vin blanc sec
3 cuillères à soupe de sauce soja
2 cuillères à soupe de sucre
3-4 ciboules, hachées
3 tranches de gingembre frais, épluchées et hachées
1 cuillère à soupe de cinq-épices
1 cuillère à café de sel
60 cl d'huile pour friture
1 ciboule émincée, pour garnir

Mettez le poisson dans un plat creux. Mélangez le vin, la sauce soja, le sucre, les ciboules, le gingembre, les épices et le sel. Versez sur le poisson, couvrez, laissez mariner 2 heures au moins.

Retirez le poisson. Versez la marinade dans une casserole, ajoutez 9 cl d'eau et amenez à ébullition. Faites mijoter doucement 10-15 minutes, puis passez au chinois au-dessus d'un plat creux ; laissez refroidir.

Chauffez l'huile dans un wok jusqu'à ce qu'elle soit très chaude, réduisez le feu puis faites frire le poisson 4-5 minutes ou jusqu'à ce qu'il soit doré et croustillant, en le remuant délicatement avec des baguettes pour séparer les morceaux. Retirez-le avec une écumoire et mettez-le dans la marinade froide 10-15 minutes.

Sortez le poisson de la marinade avec une écumoire, réservez au frais 2-3 heures au moins. Servez garni de ciboule.

Note : dans cette recette, le poisson n'est pas véritablement fumé, mais il prend ce goût en marinant deux fois dans la sauce soja, le vin et les épices.

CHINE

En haut : crème meringuée (page 62), poisson sauce soja et algues croquantes (page 15) ; en bas : bœuf aux carottes (page 38), soupe aux huit trésors (page 13) et boulettes de crevettes (page 47)

Poisson cantonais

Ching Zheng Yu

*800 g de poisson, entier ou en un morceau, écaillé et vidé
1 cuillère à café de sel
une grosse pincée de poivre fraîchement moulu
5 ciboules
4 tranches de gingembre frais, épluchées et émincées
2 cuillères à soupe de vin blanc sec
1 cuillère à soupe de haricots noirs salés, broyés, ou 2 cuillères à soupe de sauce soja
1 cuillère à soupe d'huile*

Frottez tout le poisson de sel et de poivre. Mettez 3 ciboules dans un plat allant au feu, posez le poisson par-dessus. Mélangez environ la moitié du gingembre avec le vin et les haricots. Couvrez le poisson de ce mélange, laissez mariner 30 minutes environ.

Mettez le plat sur une grille dans un wok ou dans une cocotte à vapeur. Couvrez et faire cuire à la vapeur 15-20 minutes seulement.

Pendant ce temps, émincez les ciboules. Chauffez l'huile dans une petite poêle, mettez-y les ciboules et le reste de gingembre pour parfumer. Retirez le poisson du wok ou de la cocotte, arrosez-le d'huile sur toute sa longueur et servez.

Note : la plupart des poissons peuvent être cuits à la vapeur. Utilisez un poisson entier (loup, truite, mulet, merlan, plie ou limande) ne le découpez pas en filets et n'enlevez pas la peau.

POISSON ET FRUITS DE MER

Poisson à l'aigre-douce

Tangcui Zheng Yu

800 g de poisson entier (truite, brème, carpe, mulet, saumon), nettoyé
2 cuillères à café de sel
1 1/2 cuillère à soupe d'huile
40 g de saindoux
2 petits piments, épépinés, en lanières
6 ciboules, en morceaux de 5 cm
6 tranches de gingembre, émincées
1 poivron rouge, épépiné, en lanières
3 morceaux de pousse de bambou, émincés
3 cuillères à soupe de sauce soja
3 cuillères à soupe de vinaigre de vin
1 1/2 cuillère à soupe de sucre
1 1/2 cuillère à soupe de concentré de tomates
3 cuillères à soupe de jus d'orange
1 cuillère à soupe de maïzena délayée avec 5 cuillères à soupe de bouillon de poule

Frottez le poisson de sel et d'huile à l'intérieur et à l'extérieur, réservez 30 minutes. Placez-le sur un plat ovale allant au feu, mettez le tout dans une cocotte à vapeur. Cuisez à grande vapeur 15 minutes.

Faites fondre le saindoux dans une poêle à feu moyen. Faites revenir les piments, 1 minute sans cesser de remuer. Ajoutez les autres ingrédients, sauf la pâte de maïzena, faites cuire 15 secondes.

Ajoutez la pâte de maïzena, remuez jusqu'à épaississement de la sauce. Arrosez le poisson de sauce et servez.
Pour 3-4 personnes

Poisson à la pékinoise

Zaolui Yupian

500 g de filets de poisson blanc (sole, plie ou églefin)
1 blanc d'œuf
2 cuillères à soupe de maïzena
60 cl d'huile pour friture
2 gousses d'ail, épluchées et hachées
2 ciboules, parties blanches seulement, hachées
2 tranches de gingembre frais, épluchées et hachées
2 cuillères à café de sel
1 cuillères à café de sucre
4-5 cuillères à soupe de vin blanc sec
5 cl de bouillon clair (page 12)
1 cuillère à café d'huile de sésame, pour assaisonner

Coupez le poisson en assez grands morceaux. Mettez-les dans un bol, enrobez de blanc d'œuf. Délayez la maïzena avec 5 cuillères à café d'eau froide, ajoutez au poisson, mélangez bien.

Chauffez l'huile dans un wok, puis baissez le feu. Faites frire 1 minute environ les tranches de poisson, une à une, en remuant. (Conservez le mélange de maïzena qui reste dans le bol). Égouttez-les sur du papier absorbant.

Gardez un peu d'huile dans le wok, mettez-le à feu vif, ajoutez les autres ingrédients, sauf l'huile. Amenez à ébullition, remettez le poisson dans le wok, laissez mijoter 1 minute.

Versez le mélange de maïzena sur le poisson de façon régulière. Dès que la sauce commence à épaissir, ajoutez l'huile de sésame. Transférez le poisson sur un plat de service chaud et servez.
Pour 2-3 personnes
Note : ce plat pékinois très apprécié sera plus coloré si vous le servez sur un lit de laitue.

Sole aux champignons

Chinchao Yutiao

500 g de filets de sole
1 blanc d'œuf
1 cuillère à soupe de maïzena
60 cl d'huile pour friture
250 g de champignons de Paris, émincés
2-3 ciboules, émincées
1 tranche de gingembre frais, épluchée et émincée
1 cuillère à café de sel
1 cuillère à café de sucre
1 cuillère à soupe de sauce soja
1 cuillère à soupe de vin blanc sec
12 cl de bouillon clair (page 12)
1 cuillère à café d'huile de sésame, pour assaisonner (facultatif)

Laissez les filets de sole entiers s'ils sont petits ou coupez-les en deux s'ils sont gros. Mélangez délicatement avec le blanc d'œuf et la maïzena.

Chauffez l'huile dans un wok puis réduisez le feu. Faites frire le poisson jusqu'à ce qu'il soit doré et croustillant, en le remuant doucement avec des baguettes. Sortez-le du wok et laissez-le égoutter sur du papier absorbant.

Gardez la valeur de 3 cuillères à soupe d'huile dans le wok. Mettez à feu vif, ajoutez les champignons, les ciboules et le gingembre. Remuez plusieurs fois, ajoutez ensuite les autres ingrédients, sauf l'huile. Amenez à ébullition, remettez le poisson dans le wok, faites mijoter 2 minutes. Arrosez d'huile de sésame et servez.
Pour 3-4 personnes
Note : vous pouvez remplacer les champignons de Paris par 3 ou 4 champignons parfumés. Laissez-les tremper 20-25 minutes dans de l'eau tiède, puis pressez-les pour en exprimer l'eau. Retirez les pieds et émincez les chapeaux.

Sole aux champignons

Poisson en papillottes

Zhibao Yu

*500 g de filet de poisson blanc (sole, plie, brème)
1 cuillère à café de sel
1 cuillère à café de vin blanc sec
1 cuillère à soupe d'huile
1 cuillère à soupe de gingembre émincé
1 cuillère à soupe de ciboule émincée
huile pour friture
8 fleurs de ciboule pour garnir (voir note)*

Coupez chaque filet de poisson en morceaux de 2,5 cm, d'environ 5 mm d'épaisseur. Salez, ajoutez le vin, laissez mariner 10 minutes.

Découpez dans du papier sulfurisé des morceaux de 15 cm de côté pour chaque morceau de poisson. Huilez au pinceau. Mettez une tranche de poisson, un peu de gingembre et de ciboule sur chaque carré. Repliez et rabattez les extrémités sous le dessous.

Faites chauffer l'huile. Plongez les papillotes de poisson dans la friture, laissez cuire 3 minutes. Égouttez sur du papier absorbant, disposez sur un plat de service, garnissez avec les fleurs de ciboule. Chacun ouvrira ses papillotes.

Note : pour préparer les fleurs de ciboule, entaillez chaque extrémité sur 3-4 cm et placez les ciboules dans un bol d'eau glacé pour que les fleurs s'ouvrent.

Poisson à la sauce rouge

Hongshao Yu

*1 poisson entier de 1 kg (carpe, brème, mulet, maquereau), écaillé et vidé
4 cuillères à soupe de sauce soja
3 cuillères à soupe d'huile
15 g de champignons noirs ayant trempé 20 minutes, égouttés et équeutés
50 g de pousse de bambou en boîte, égouttée, en tranches
3-4 ciboules, émincées
3 tranches de gingembre, émincées
2 cuillères à café de maïzena*

Sauce :
*2 cuillères à soupe de sauce soja
2 cuillères à soupe de vin blanc sec
2 cuillères à café de sucre
4 cuillères à soupe de bouillon*

Laissez mariner le poisson dans la sauce soja 30 minutes. Mélangez les ingrédients de la sauce. Chauffez l'huile dans une poêle. Lorsqu'elle est très chaude, faites-y dorer le poisson. Ajoutez la sauce, les champignons et les pousses de bambou ; poursuivez la cuisson 10 minutes environ. Ajoutez les ciboules et le gingembre, laissez réduire la sauce de moitié. Délayez la maïzena avec 1 cuillère à soupe d'eau. Versez dans la poêle, laissez cuire en remuant jusqu'à épaississement. Transférez dans un plat de service. Arrosez de sauce et servez chaud.

Crevettes roses aux asperges

Xiaren Chao Lusun

*500 g de crevettes roses, décortiquées, boyau retiré
1 cuillère à café de sel
1 cuillère à café de vin blanc sec
1 cuillère à soupe de maïzena
100 g d'asperges fraîches, en tronçons de 2,5 cm
6 cuillères à soupe d'huile
1/2 cuillère à café de sucre
4 cuillères à soupe d'eau*

Mélangez les crevettes avec la moitié du sel, le vin et 2 cuillères à café de maïzena. Faites cuire les asperges à l'eau bouillante salée jusqu'à ce qu'elles soient tendres mais encore croquantes. Égouttez-les bien.

Chauffez l'huile dans un wok et ajoutez les crevettes. Remuez quelques secondes. Ajoutez les asperges, le sucre, le reste de sel, mélangez bien. Délayez le reste de maïzena dans l'eau, versez dans la poêle. Faites cuire en remuant jusqu'à épaississement. Servez chaud.

Pour 3 personnes

Crevettes pochées sauce piquante

Fengwei Xia

*500 g de crevettes roses crues, étêtées
1 cuillère à café de sel
4-5 tranches de gingembre frais non épluché*

Sauce d'accompagnement :
*2 cuillères à soupe d'huile
2-3 tranches de gingembre frais, épluchées
et émincées
2-3 ciboules, émincées
2-3 poivrons verts et rouges, épépinés, en lanières
3 cuillères à soupe de sauce soja
1 cuillère à soupe de vinaigre
1 cuillère à soupe de vin blanc sec
une pincée de sucre
1 cuillère à café d'huile de sésame*

Lavez les crevettes, retirez les pattes mais laissez les queues en place.

Amenez 2 litres d'eau à ébullition dans une grande casserole avec le sel et le gingembre. Faites-y pocher les crevettes 1-2 minutes seulement ; égouttez soigneusement.

Pour la sauce, chauffez l'huile dans une petite casserole jusqu'à ce qu'elle soit très chaude. Mettez le gingembre, les ciboules et les poivrons dans un bol. Versez lentement l'huile chaude dans le bol, puis ajoutez les autres ingrédients, mélangez. Servez avec les crevettes :
Note : si vous ne trouvez pas de crevettes crues, utilisez des crevettes cuites mais servez-les simplement avec la sauce, sans les faire pocher.

Langoustines aux brocolis

Jielan Chao Xiaqiu

*250 g de langoustines ou de scampi crus,
non décortiqués
1 tranche de gingembre frais, épluchée et hachée
1 cuillère à café de vin blanc sec
1 blanc d'œuf
1 cuillère à soupe de maïzena
3 cuillères à soupe d'huile
2 ciboules, hachées
250 g de brocolis, en petits morceaux
1 cuillère à café de sel
1 cuillère à café de sucre*

Lavez les langoustines, séchez-les avec du papier absorbant. Avec un couteau pointu, faites une incision peu profonde sur toute la longueur du dos de chaque langoustine et retirez le boyau noir. Coupez chaque langoustine en deux dans le sens de la longueur, puis chaque moitié en petits morceaux.

Mettez-les dans un bol avec le gingembre, le vin, le blanc d'œuf et la maïzena. Mélangez, laissez mariner au frais 20 minutes environ.

Chauffez 1 cuillère à soupe d'huile dans un wok, faites cuire les langoustines en remuant jusqu'à ce qu'elles changent de couleur. Sortez-les avec une écumoire.

Chauffez le reste d'huile dans le wok, ajoutez les ciboules et les brocolis ; remuez, puis salez et sucrez. Faites cuire jusqu'à ce que les brocolis soient à point, puis ajoutez les langoustines, remuez et servez.
Note : les langoustines ne doivent pas trop cuire pour garder leur goût délicat.

Fruits de mer aux légumes

Zhuachao Haixian

*4-6 coquilles Saint-Jacques fraîches
150 g de crevettes roses étêtées et décortiquées
1 blanc d'œuf
1 cuillère à soupe de maïzena
60 cl d'huile pour friture
2 tranches de gingembre frais, épluchées, émincées
2-3 ciboules, émincées
3 côtes de céleri, préparées, en morceaux
1 poivron rouge, épépiné, en lanières
1-2 carottes, épluchées, en morceaux
2 cuillères à soupe de vin blanc sec
3 cuillères à soupe de sauce soja
1 cuillère à café de sel
1 cuillère à café d'huile de sésame, pour assaisonner*

Coupez chaque coquille en 3 ou 4 morceaux. Laissez les crevettes entières si elles sont petites, sinon coupez-les en 2 ou 3 morceaux. Mettez-les avec les Saint-Jacques dans un récipient avec le blanc d'œuf et la moitié de la maïzena, mélangez.

Chauffez l'huile dans un wok, faites frire les Saint-Jacques et les crevettes 1 minute, en remuant avec des baguettes pour les séparer. Sortez-les avec une écumoire et égouttez sur du papier absorbant.

Gardez 2 cuillères à soupe d'huile dans le wok. Mettez à feu vif, ajoutez le gingembre et les ciboules, puis les légumes, laissez cuire en remuant 1 minute environ, puis remettez les fruits de mer dans le wok, ajouter le vin, la sauce soja, salez.

Délayez le reste de maïzena avec un peu d'eau ou de bouillon, versez dans le wok, et mélangez tous les ingrédients jusqu'à épaississement. Assaisonnez d'huile de sésame, servez aussitôt.
Pour 3-4 personnes
Note : cette recette cantonaise très colorée peut être préparée avec des Saint-Jacques et des crevettes comme indiqué ici, ou un seul de ces ingrédients.

Crevettes pochées sauce piquante

Boulettes de crevettes

Zha Xia Wan

*450 g de crevettes roses, décortiquées
50 g de saindoux
1 blanc d'œuf
2 cuillères à soupe de maïzena
1 cuillère à soupe de cognac ou de rhum
1 cuillère à café de gingembre frais émincé
sel et poivre fraîchement moulu
60 cl d'huile pour friture
feuilles de coriandre ou persil, pour garnir*

Hachez les crevettes avec le saindoux. Mettez-les dans un récipient avec le reste des ingrédients sauf l'huile et la garniture. Mélangez, puis remuez toujours dans le même sens jusqu'à ce que le mélange soit lisse et dur. Laissez reposer 30 minutes environ.

Formez environ 24 boulettes avec le mélange. Chauffez l'huile dans un wok, puis réduisez le feu ou sortez le wok du feu quelques secondes. Faites frire les boulettes en lots sur feu moyen jusqu'à ce qu'elles soient bien dorées, puis sortez-les avec une écumoire et égouttez-les sur du papier absorbant.

Pour servir, réchauffez l'huile et faites frire les boulettes de crevettes quelques secondes, ou passez-les à four chaud jusqu'à ce qu'elles soient croustillantes. Disposez dans un plat chaud. Salez et poivrez à votre goût, garnissez de coriandre ou de persil, servez chaud.

Note : ces boulettes peuvent être cuites 3 heures à l'avance, puis remises dans la friture ou au four avant d'être servies.

Crevettes sautées aux châtaignes d'eau

Crabes sautés

Congjiang Xie

2 grands ou 3 petits crabes non cuits
2 cuillères à café de sel
4-5 tranches de gingembre, émincées
2 cuillères à soupe de sauce soja
1 cuillère à soupe de sauce aux piments
2 cuillères à soupe de vin blanc sec
15 cl de bouillon clair (page 12)
5 cuillères à soupe d'huile
2 oignons, émincés
4 gousses d'ail, pilées
3-4 ciboules, en morceaux de 2,5 cm
1 œuf, battu

Enlevez et ouvrez les pinces des crabes. Mettez chaque crabe sur le dos et tirez fermement sur le plastron pour le séparer, avec les pattes, de la carapace. Enlevez et jetez la poche abdominale et les ouïes grises. Coupez le plastron en quatre, saupoudrez de sel et de gingembre.

Mélangez la sauce soja, la sauce aux piments, le vin et le bouillon.

Chauffez l'huile dans le wok à feu vif. Ajoutez les oignons et l'ail, remuez 30 secondes. Ajoutez les morceaux de crabe, y compris les carapaces, et les ciboules. Laissez cuire 3-4 minutes, en remuant. Versez ce mélange dans le wok, amenez à ébullition, tout en remuant. Ajoutez l'œuf en un ruban, remuez encore 30 secondes.

Transférez le tout dans un plat de service chaud. Chacun videra les carapaces et les pinces de leur chair et s'aidera des pattes pour extraire la chair des plastrons.
Pour 4-6 personnes

Fou Yung aux crevettes

Xiaren Pao Dan

6 œufs
une grosse pincée de sel
5 cuillères à soupe d'huile
250 g de crevettes, décortiquées, boyau retiré

Battez les œufs avec le sel. Chauffez 2 cuillères à soupe d'huile dans une petite poêle. Faites cuire les crevettes en remuant 1 minute ou jusqu'à ce qu'elles soient cuites à point. Retirez du feu, ajoutez les crevettes aux œufs.

Chauffez le reste d'huile dans la poêle à feu vif. Faites cuire les œufs, en retournant une fois, jusqu'à ce que l'omelette soit dorée des deux côtés. Servez chaud.

Crevettes sautées aux châtaignes d'eau

Xiaren Chao Xiangsu

500 g de crevettes crues, décortiquées, boyau retiré
4 cuillères à soupe d'huile
3 tranches de gingembre, pelées
2 grosses cuillères à soupe de maïzena
1 cuillère à café de sel
poivre blanc fraîchement moulu
1 cuillère à soupe de vin blanc sec
1 blanc d'œuf
250 g de mange-tout, coupés en deux diagonalement
6 châtaignes d'eau en boîte, égouttées, émincées
2 cuillères à soupe d'eau
1 cuillère à café d'huile de sésame
2 ciboules, hachées

Coupez les crevettes en deux dans le sens de la longueur, lavez-les et séchez-les avec du papier absorbant.

Chauffez l'huile dans un wok jusqu'à ce qu'elle fume, puis ajoutez le gingembre. Retirez-le après 30 secondes.

Mélangez 2 petites cuillères à soupe de maïzena, le sel, le poivre, le vin et le blanc d'œuf dans un bol. Enrobez les crevettes de ce mélange. Faites-les ensuite sauter dans l'huile chaude, jusqu'à ce qu'elles changent de couleur, puis retirez-les avec une écumoire.

Gardez environ 1 cuillère à soupe d'huile dans le wok. Chauffez de nouveau, faites sauter les mange-tout et les châtaignes d'eau, jusqu'à ce qu'ils changent de couleur. Remettez les crevettes dans le wok. Délayez le reste de maïzena avec l'eau, ajoutez pour épaissir la sauce.

Lorsque la sauce devient transparente, ajoutez l'huile de sésame et les ciboules. Mélangez bien et servez.

Crevettes frites à l'aigre-douce

Tangui Daxia

500 g de crevettes roses crues, étêtées et lavées
60 cl d'huile pour friture
2 cuillères à café de maïzena
feuilles de coriandre fraîche ou persil, pour garnir

Sauce :
2 cuillères à soupe de vin blanc sec
2 cuillères à soupe de sauce soja
2 cuillères à soupe de vinaigre
1 cuillère à soupe de sucre
1 cuillère à café de ciboule émincée
1 cuillère à café de gingembre frais, émincé

Retirez les pattes des crevettes mais laissez les queues en place. Retirez le boyau. Égouttez sur du papier absorbant.

Chauffez l'huile dans un wok jusqu'à ce qu'elle fume, réduisez le feu. Faites frire les crevettes jusqu'à ce qu'elles deviennent rose vif, en les remuant avec des baguettes pour qu'elles restent séparées. Sortez-les avec une écumoire et égouttez-les sur du papier absorbant.

Gardez 1 cuillère à soupe d'huile dans le wok. Mettez à feu vif. Mélangez les ingrédients de la sauce, versez dans le wok avec les crevettes, faites cuire 1 minute. Délayez la maïzena avec 1 cuillère à soupe d'eau froide, ajoutez dans le wok, remuez plusieurs fois pour enrober toutes les crevettes de sauce.

Pour servir, disposez joliment les crevettes sur un plat de service chaud garni de coriandre ou de persil. Servez chaud ou froid comme plat d'accompagnement ou en hors-d'œuvre.

Note : dans cette recette traditionnelle, les crevettes sont cuites avec leur queue. Il est ainsi facile de les décortiquer en les tenant entre deux doigts.

Huîtres frites

Zha Xianghao

12 grandes huîtres à chair ferme
1 1/2 cuillère à café de sel
4 cuillères à soupe de maïzena
1 cuillère à soupe de vin blanc sec
1 cuillère à café de gingembre haché
poivre fraîchement moulu
25 g de farine
1 cuillère à café de levure
2 cuillères à soupe d'huile
12 cl d'eau
huile pour friture

Pour garnir :
1 ciboule
lamelles de poivron rouge

Mettez les huîtres dans un récipient, frottez-les avec 1 cuillère à café de sel et 2 cuillères à soupe de maïzena. Brossez-les bien et rincez-les à l'eau froide jusqu'à ce qu'elles soient bien propres. Faites-les ouvrir dans une cocotte à feu vif ; égouttez, sortez les huîtres des coquilles. Mélangez le vin, le gingembre, le poivre. Roulez les huîtres dans ce mélange. Mélangez le reste de maïzena avec la farine, la levure et le reste de sel dans un bol. Ajoutez peu à peu l'huile et l'eau, battez pour former une pâte lisse.

Chauffez l'huile. Trempez les huîtres dans la pâte, faites les frire jusqu'à ce qu'elles soient brun doré. Égouttez et servez chaud, garni de ciboule et de poivron.

CHINE

Volaille

Les plats de canard et de poulet sont très populaires dans la cuisine chinoise. Le présent chapitre comprend quelques délicieuses recettes, telles que l'authentique canard laqué (voir-ci dessous), où le canard est émincé puis servi dans des crêpes délicates, et le canard craquant (page 52), dont la viande est si tendre qu'on la détache avec des baguettes. Cependant, le goût prononcé du canard autorise un moins grand nombre de combinaisons que le poulet, qui se prête à de multiples préparations. On le cuit entier ou en morceaux, en cubes, haché ou émincé. Lorsque la volaille doit être saisie il est recommandé d'utiliser un jeune poulet mais si le poulet doit être bouilli, on peut prendre une poule.

Canard laqué

Beijing Kao Ya

1 canard de 1,5 à 1,7 kg
1 cuillère à soupe de sucre
1 cuillère à café de sel
30 cl d'eau

Sauce :
3 cuillères à soupe de pâte de haricots jaunes fermentés
2 cuillères à soupe de sucre
1 cuillère à soupe d'huile de sésame

Pour servir :
24 crêpes Mandarin (page 51)
10-12 fleurs de ciboule (voir note)
4 poireaux, en morceaux de 7,5 cm
1/2 concombre, en morceaux de 7,5 cm
1/2 poivron rouge, épépiné, en lanières

Nettoyez le canard, suspendez-le toute une nuit pour le faire bien sécher, dans une pièce fraîche et aérée.

Faites dissoudre le sucre et le sel dans l'eau, enrobez tout le canard de ce liquide. Laissez sécher plusieurs heures.

Mettez le canard sur une grille dans un plat, faites-le rôtir à four moyen (200 °C, thermostat 6) 1 heure.

Chauffez doucement les ingrédients de la sauce dans une casserole, 2-3 minutes, en remuant, puis versez dans un bol de service.

Découpez le canard en tranches nettes, disposez sur un plat de service. Disposez les crêpes Mandarin sur un autre plat, garnissez les deux plats de fleurs de ciboule. Mettez les poireaux, le concombre et le poivron dans un autre plat.

Chacun mettra un peu de sauce sur une crêpe, du poireau et du concombre au milieu, puis 1 ou 2 tranches de canard, avant de rouler la crêpe.

Pour 6 personnes
Note : le canard laqué est une recette unique dans la cuisine chinoise, non seulement par la façon dont il est cuit mais aussi parce qu'on utilise des canards dodus et tendres élevés spécialement pour cela.

La sauce peut être remplacée par 6 cuillères à soupe de sauce Hoisin.

Les fleurs de ciboule constituent la garniture traditionnelle du canard laqué : entaillez la partie verte des ciboules sur 3-4 cm puis mettez les ciboules dans un bol d'eau glacée pour que les « fleurs » s'ouvrent.

Disposez tous les éléments sur la table afin que chaque convive puisse se servir lui-même.

CHINE

Canard laqué

Crêpes Mandarin

Bo Bing

30 cl d'eau bouillante
1 cuillère à soupe d'huile
450 g de farine tamisée

Mélangez l'eau avec la moitié de l'huile, puis ajoutez la farine lentement, en remuant avec une cuillère en bois.

Pétrissez cette pâte, puis formez 3 boudins égaux ; coupez chacun d'eux en huit.

Abaissez chaque morceau en une crêpe mince. Huilez les crêpes avec un pinceau, puis empilez-les par deux pour former 12 sandwiches.

Abaissez chaque sandwich sur une surface légèrement farinée, pour former un cercle de 15 cm.

Chauffez une poêle non graissée sur un feu moyen. Faites cuire les « sandwiches » un par un. Retournez-les dès que des bulles d'air se forment. Cessez la cuisson lorsque des petites taches brunes apparaissent. Sortez le sandwich et séparez doucement les deux moitiés. Pliez chaque crêpe en 4 pour servir.

Pour 24 crêpes

Canard aux amandes

Xingren-Chao Ya

500 g de canard, en petits morceaux
2 tranches de gingembre, émincées
1 cuillère à café de sel
3 cuillères à soupe d'huile
2 ciboules, en morceaux de 1 cm
1 cuillère à café de sucre
2 1/2 cuillères à soupe de sauce soja
5 cuillères à soupe de petits pois
5 cuillères à soupe d'amandes grillées
2 cuillères à café de maïzena
3 cuillères à soupe de bouillon
2 cuillères à soupe de vin blanc sec

Frottez le canard avec le gingembre, le sel et 1 cuillère à soupe d'huile. Laissez reposer 30 minutes. Chauffez le reste d'huile dans une poêle. Faites sauter le canard et les ciboules 1 1/2 minute. Ajoutez le sucre et la sauce soja, puis, après 30 secondes, les petits pois et les amandes. Faites sauter encore 1 minute. Délayez la maïzena avec le bouillon et le vin. Ajoutez dans la poêle, en remuant jusqu'à épaississement. Laissez encore mijoter 30 secondes et servez.

Pour 3 personnes

VOLAILLE

Canard braisé

Hongshao Ya

1,5 à 2 kg de canard, en petits morceaux
5 cuillères à soupe de sauce soja
4 cuillères à soupe d'huile
3 ciboules
4 tranches de gingembre
3 anis étoilés entiers
1 cuillère à café de grains de poivre noir
2 cuillères à café de vin blanc
4 champignons parfumés ayant trempé 20 minutes, égouttés et équeutés
100 g de pousses de bambou en boîte, égouttées et émincées
2 cuillères à soupe de maïzena, délayée avec 2 cuillères à soupe d'eau
2-3 ciboules, pour garnir

Enrobez les morceaux de canard de sauce soja. Chauffez l'huile dans une poêle, laissez dorer les morceaux en les tournant de temps en temps. Mettez-les dans une casserole, ajoutez les ciboules, le gingembre, l'anis, le poivre, le vin, le reste de sauce soja et assez d'eau pour recouvrir. Amenez à ébullition, puis réduisez le feu et couvrez. Laissez mijoter 1 1/2 à 2 heures ou jusqu'à ce que le canard soit tendre, en ajoutant les champignons et les pousses de bambou 20 minutes avant la fin de la cuisson.
Ajoutez la maïzena. Remuez jusqu'à épaississement du liquide. Servez chaud garni de ciboules.

Canard craquant

Xiangsu Ya

1 canard de 1,5 à 2 kg
huile pour friture

Sauce :
1,2 l de bouillon
60 cl de Shaoxin Chiew ou de vin blanc sec
7 cuillères à soupe de sauce soja
4 cuillères à soupe de pâte de soja
4 cuillères à soupe de sauce Hoisin
4 oignons, émincés
6 tranches de gingembre frais
1 1/2 cuillère à soupe de sucre
6 gousses d'ail, pilées
1 cube de bouillon de poule
1 cuillère à café de cinq-épices
1 kg d'os de porc
500 g de jarret de bœuf, en cubes

Pour servir :
crêpes Mandarin (page 51)
5 cuillères à soupe de sauce Hoisin
2 concombres, pelés et émincés en longueur
4-5 ciboules émincées

Plongez le canard dans une casserole d'eau chaude. Faites bouillir 10 minutes, puis égouttez.
Mettez les ingrédients de la sauce dans un wok. Amenez à ébullition, couvrez, laissez mijoter 30 minutes ; jetez les os. Ajoutez le canard, couvrez-le bien de sauce. Amenez à ébullition, couvrez et faites mijoter doucement 1 1/2 heure, en retournant le canard plusieurs fois. Sortez-le et laissez-le refroidir sur une grille métallique.
Lorsqu'il est bien sec, faites-le frire dans l'huile 8-10 minutes en vous assurant qu'il est entièrement recouvert. Égouttez et mettez sur un plat de service. La viande doit être assez tendre pour qu'on puisse la détacher avec des baguettes. Servez chaud avec les crêpes, la sauce Hoisin, le concombre et les ciboules.
Pour 6 personnes
Note : la grande friture est utilisée en Chine, comme en Occident, pour obtenir des aliments croustillants. Elle intervient parfois aussi en dernier lieu dans une recette comportant plusieurs autres méthodes de cuisson. Ici, le canard est bouilli, puis mijote en sauce avant de frire. La sauce peut être utilisée pour un autre plat.

Canard rôti cantonais

Shao Ya

1 canard de 2 kg, prêt à cuire

Farce :
3 gousses d'ail, pilées
10-12 ciboules, partie blanche seulement
1/2 cuillère à café de cinq-épices
2 cuillères à café de sucre
5 cuillères à soupe de bouillon clair (page 12)
1 1/2 cuillère à soupe de sauce soja
1 1/2 cuillère à soupe de pâte de soja pimentée
3 cuillères à soupe de vin blanc sec

Sauce :
30 cl d'eau
4-5 cuillères à soupe de miel
5 cuillères à soupe de vinaigre de vin
2 cuillères à soupe de sauce soja

Mélangez tous les ingrédients de la farce. Essuyez l'intérieur du canard et farcissez-le. Fermez l'ouverture du cou, ficelez avec de la ficelle ou du fil et une aiguille.
Versez de l'eau bouillante sur la peau du canard, égouttez-le, séchez-le avec du papier absorbant. Suspendez-le par le cou et laissez-le sécher dans un endroit aéré 1 heure.
Faites chauffer les ingrédients de la sauce jusqu'à dissolution du miel. Enduisez le canard de ce mélange avec un pinceau, suspendez-le pour le laisser sécher une nuit.
Mettez le canard sur une grille au-dessus de la lèchefrite, faites rôtir à 220 °C (thermostat 7), 10 minutes. Retournez-le, laissez cuire 10 minutes. Réduisez la température à 190 °C (thermostat 5). Retournez-le

Canard fumé du Sichuan et beignets à l'huile rouge (page 37)

de nouveau, laissez cuire 40 minutes. Enduisez de nouveau au pinceau, laissez encore 10 minutes à 200 °C (thermostat 6).

Découpez le canard en morceaux de la taille d'une bouchée, disposez sur un plat de service avec la farce. Servez chaud ou froid.

Canard fumé du Sichuan

Zhangcha Ya

1 canard de 1,5 kg
3 cuillères à soupe de sel
3 cuillères à café de poivre du Sichuan
1 cuillère à café de sauge fraîche
1 1/2 cuillère à café de gingembre haché
1 cuillère à café de sucre
1,2 l de bouillon de poule
1 cuillère à soupe de cinq-épices
6 ciboules, hachées grossièrement
6 tranches de gingembre, épluchées
60 cl d'huile
huile de sésame

Pour fumer :
4 cuillères à soupe de feuilles de thé humides
2 cuillères à soupe de cassonade
2 cuillères à soupe de cinq-épices
6 feuilles de laurier
1 tasse de sciure de bois

Séchez le canard avec du papier absorbant. Mélangez le sel, le poivre, la sauge, le gingembre et le sucre. Frottez l'intérieur du canard de ce mélange, puis laissez-le sécher dans un endroit frais et aéré 24 heures.

Mettez le canard dans une grande casserole et recouvrez-le d'eau. Amenez à ébullition, puis remplacez l'eau par le bouillon, ajoutez le cinq-épices, les ciboules et le gingembre, ramenez à ébullition. Laissez mijoter 20 minutes, puis égouttez.

Pour fumer, mettez tous les éléments dans un vieux wok, placez une grille métallique dessus. Mettez le wok sur feu vif, attendez qu'il commence à fumer. Placez le canard sur la grille, couvrez le wok de papier aluminium ou d'un couvercle, laissez fumer 10 minutes de chaque côté ou jusqu'à ce que le canard prenne une couleur brun foncé.

Chauffez l'huile dans un autre wok jusqu'à ce qu'elle fume. Faites frire le canard sur feu moyen 10 minutes. Enlevez et égouttez.

Enduisez le canard d'huile de sésame, servez chaud ou froid.

Pour 2-3 personnes

Canard en brochettes

Kao Chuan Ya

4 magrets de canard, sans la peau

Marinade :
*2 cuillères à soupe de cassonade
1 cuillère à café de sel
4 cuillères à soupe de sauce soja
1 cuillère à soupe d'huile de sésame
1 cm de gingembre frais, épluché et haché
1 cuillère à café de graines de sésame*

Découpez chaque magret en 8 morceaux. Mélangez dans un grand bol les ingrédients de la marinade, puis ajoutez le canard dans le bol. Couvrez, laissez mariner 3-4 heures dans un endroit frais, en retournant plusieurs fois les morceaux pour qu'ils soient bien imprégnés, ou toute une nuit. Retirez-les ensuite avec une écumoire et, enfilez-les sur 8 brochettes en bambou ou 4 grandes brochettes en métal.

Sur la grille d'un barbecue modérément chaud, faites cuire les petites brochettes 8-10 minutes, les grandes 10-12 minutes. Retournez-les plusieurs fois, puis arrosez avec la marinade qui reste. Servez chaud ou froid, sur les brochettes ou non.
Note : ces magrets de canard, tendres et dépourvus de graisse, sont d'emploi facile pour les barbecues et les brochettes. Si vous utilisez de grandes brochettes, retirez les morceaux de canard après la cuisson et servez avec des bâtonnets cocktail.

Canard de Chang-Hai aux ignames

Hongshao Yutao Ya

*1 canard d'environ 1,5 kg, lavé et séché
1 cuillère à café de sel
1 cuillère à café de poivre blanc fraîchement moulu
1 cuillère à café de sauce Hoisin
3 cuillères à soupe de vin blanc sec
3 ciboules, hachées
6 tranches de gingembre frais, épluché
500 g de petits ignames, lavés, épluchés et coupés en morceaux de 2,5 cm*

Frottez le canard de sel et de poivre, réservez 2 heures.

Placez-le sur une grille dans un plat allant au four, et faites-le rôtir à 200 °C (thermostat 6) 15 minutes de chaque côté jusqu'à ce que la graisse commence à fondre et qu'il soit légèrement doré.

Retirez la graisse du plat, puis couvrez le canard de sauce Hoisin avec un pinceau, à l'intérieur comme à l'extérieur. Remplissez le canard d'une farce composée de vin, de ciboules, de gingembre et d'ignames. Couvrez le plat d'aluminium, réduisez la température du four (180 °C thermostat 4). Faites rôtir 1 heure.

Arrosez ensuite le canard avec le jus de cuisson, remettez le papier aluminium, faites cuire encore 1 heure. Le canard doit alors être assez cuit. Vérifiez la cuisson en piquant une brochette dans la partie la plus charnue de la patte. Si le jus qui en sort est clair, le canard est cuit. Il doit être assez tendre pour qu'on puisse en détacher facilement des morceaux. Servez avec les ignames et du riz.

Fleur d'or et arbre de jade

Zinhua Yushu Ji

*1 poulet de 1,5 kg
2 tranches de gingembre frais, épluché
2 ciboules
3 cuillères à soupe d'huile
500 g de brocolis, en bouquets
2 cuillères à soupe de sel
25 cl de bouillon de poule
250 g de jambon blanc
1 cuillère à café de maïzena, diluée avec un peu d'eau*

Mettez le poulet dans une grande casserole, couvrez d'eau froide. Ajoutez le gingembre et les ciboules, couvrez hermétiquement et amenez à ébullition. Réduisez le feu, laissez mijoter 3 minutes. Éteignez le feu et laissez le poulet dans l'eau chaude 3 heures au moins, sans enlever le couvercle.

Chauffez l'huile dans un wok. Faites sauter les brocolis avec 1 cuillère à soupe de sel, 3-4 minutes, jusqu'à ce qu'ils soient cuits à votre goût, en ajoutant un peu de bouillon si nécessaire. Retirez du wok et disposez au bord d'un grand plat de service.

Sortez le poulet de la casserole, puis détachez la chair des os, en conservant la peau sur la viande. Découpez le poulet et le jambon en fines tranches rectangulaires, disposez en couches alternées se chevauchant au milieu des brocolis.

Pour servir, chauffez le reste de bouillon avec le reste de sel dans une petite casserole. Ajoutez la pâte de maïzena, remuez jusqu'à épaississement. Versez sur le poulet et le jambon pour former un mince glaçage. Servez chaud.
Note : le nom de ce plat rappelle ses trois principaux ingrédients ; « fleur d'or » évoque le jambon chinois King-Hua, « jade » le poulet, « arbre » les brocolis. Servez-le en hors-d'œuvre dans une réception ou comme plat principal en famille.

CHINE

En haut : œufs braisés (page 18) et canard en brochettes ; au centre : côtelettes de porc aux cinq épices (page 15) et sorbet au litchi (page 60) ; en bas : salade de soja (page 25) et beignets de fruits (page 62)

VOLAILLE

Poulet à la sauce de poisson

Yuxian Jisi

*350 g de blanc de poulet, sans la peau, émincé
une grosse pincée de sel
1 blanc d'œuf
1 cuillère à café de maïzena
4 cuillères à soupe d'huile
2 ciboules, en morceaux de 2,5 cm
1 tranche de gingembre frais, épluchée, émincée
1 petit poivron vert, épépiné, en rondelles
1 petit poivron rouge, épépiné, en rondelles
3 côtes de céleri, en tranches
1 cuillère à soupe de sauce soja
1 cuillère à café de sucre
1 cuillère à café de vinaigre
1 cuillère à café de sauce aux piments (facultatif)*

Mélangez le poulet avec le sel, le blanc d'œuf et la maïzena, puis laissez reposer 20 minutes environ.

Chauffez la moitié de l'huile dans un wok, faites sauter le poulet sur feu moyen 2 minutes environ. Retirez le poulet avec une écumoire, égouttez-le.

Chauffez le reste d'huile dans le wok, ajoutez les autres ingrédients. Remuez puis remettez le poulet dans le wok, mélangez bien. Servez chaud.

Note : cette recette ne contient pas de poisson mais la sauce est normalement utilisée pour la cuisson des poissons.

Poulet en huit morceaux

Shao Ba Kuai

*1 petit poulet de 1 à 1,5 kg
2-3 ciboules, hachées
2-3 tranches de gingembre, hachées
2 cuillères à soupe de vin blanc sec
1 cuillère à soupe de sucre
3 cuillères à soupe de sauce soja
3 cuillères à soupe de maïzena
100 g de saindoux
1 cuillère à café d'huile de sésame
persil haché, pour garnir*

Séparez les cuisses, les ailes et le blanc du poulet, coupez chaque blanc en deux.

Mélangez les ciboules et le gingembre avec la moitié du vin et du sucre et 1 cuillère à soupe de sauce soja. Ajoutez le poulet, laissez reposer 3 minutes.

Roulez chaque morceau de poulet dans la maïzena. Chauffez le saindoux dans une poêle. Faites dorer le poulet. Ôtez l'excédent de saindoux et ajoutez le reste de vin, de sucre et de sauce soja. Amenez à ébullition sans cesser de remuer. Ajoutez l'huile juste avant de servir et garnissez de persil

Ragoût de poulet aux châtaignes

Hongshao Lizi Ji

*6 cuillères à soupe de sauce soja
1 cuillère à soupe de vin blanc sec
1 poulet de 1 kg, désossé, en morceaux de 3,5 cm
2 cuillères à soupe d'huile
2 tranches de gingembre, hachées
4 ciboules, hachées
500 g de châtaignes fraîches, épluchées à vif
45 cl d'eau
1 cuillère à soupe de sucre*

Mélangez la sauce soja et le vin dans un récipient, ajoutez le poulet. Laissez mariner 15 minutes.

Chauffez l'huile dans une grande casserole. Ajoutez le poulet et la marinade, le gingembre et les ciboules. Remuez jusqu'à ce que le poulet soit bien doré. Ajoutez les châtaignes, l'eau et le sucre. Amenez à ébullition, couvrez et laissez mijoter 40 minutes ou jusqu'à ce que le poulet soit bien tendre. Servez chaud, garni de ciboules.

Note : vous pouvez aussi utiliser des châtaignes en boîte ou séchées. Égouttez les châtaignes en boîte et ajoutez-les au poulet 10 minutes avant la fin de la cuisson. Faites tremper les châtaignes séchées toute une nuit avant de les traiter comme des châtaignes fraîches.

Poulet entier rôti

Zha Ziji

*1 poulet de 1,5 kg, prêt à cuire
3 anis étoilés entiers
10-12 grains de poivre du Sichuan
2 tranches de gingembre
3 cuillères à café de vin blanc sec
1/2 cuillère à café de cannelle en poudre
1 cuillère à café de sel
1 cuillère à café de vinaigre blanc
3 cuillères à soupe de miel
maïzena
huile pour friture
beignets de crevettes pour garnir*

Mettez le poulet dans une casserole d'eau bouillante avec l'anis étoilé, le poivre, le gingembre, le vin, la cannelle et le sel. Laissez mijoter 20 minutes. Retirez le poulet, laissez-le refroidir et séchez-le avec du papier absorbant à l'intérieur et à l'extérieur, puis enduisez-le au pinceau de vinaigre et de miel, saupoudrez de maïzena. Suspendez-le dans un endroit aéré et laissez-le sécher 2-3 heures.

Plongez le poulet dans l'huile bouillante en vous assurant qu'il est entièrement recouvert, jusqu'à ce que la peau devienne croustillante. Égouttez sur du papier absorbant. Découpez en petits morceaux, disposez sur un plat. Servez chaud, garni de beignets de crevettes.

Poulet en huit morceaux et ragoût de poulet

Poulet aux noix sauce piquante

Kung Bao Jiding

*300 g environ de blanc de poulet, sans la peau
1 poivron vert, épépiné
1/2 cuillère à café de sel
1 blanc d'œuf
1 cuillère à soupe + 1 cuillère à café de maïzena
4 cuillères à soupe d'huile végétale
2 ciboules, en petits morceaux
2 tranches de gingembre frais, épluchées
3-4 piments rouges, en rondelles
50 g de cerneaux de noix
1 cuillère à soupe de pâte de haricots fermentés
1 cuillère à café de sucre
2 cuillères à soupe de vin blanc sec
ou de Siu Sin Chiew*

Découpez le poulet et le poivron en petits morceaux de la taille d'un morceau de sucre. Mettez-les dans un bol et mélangez-les tout d'abord avec le sel puis avec le blanc d'œuf et enfin avec 1 cuillère à soupe de maïzena.

Chauffez l'huile dans un wok, ajoutez les cubes de poulet, remuez quelques secondes jusqu'à ce que les morceaux de poulet deviennent blancs. Retirez-les de l'huile avec une écumoire et réservez.

Chauffez de nouveau le wok. Mettez les ciboules, le gingembre, les piments et les noix dans l'huile chaude, ajoutez la pâte de haricots. Remuez plusieurs fois, ajoutez le poivron vert. Remettez les cubes de poulet dans le wok, remuez encore plusieurs fois, ajoutez le sucre et le vin. Laissez cuire 1 minute environ.

Délayez 1 cuillère à café de maïzena avec 1 cuillère à soupe d'eau froide pour obtenir une pâte lisse, versez dans le wok, remuez bien jusqu'à épaississement de la sauce. Transférez dans un plat chaud, servez aussitôt.

Pour 2-3 personnes

Note : cette recette très populaire du Sichuan est très relevée. La quantité de piments rouges peut être modifiée selon votre goût personnel. Si les piments restent entiers, le plat sera moins piquant car les graines ont une saveur plus violente. Vous pouvez remplacer les noix par des amandes, des noix de cajou ou des cacahouètes.

Poulet sauté au sésame

Mala Jiding

500 g de blanc de poulet, en cubes de 2,5 cm
1 1/2 cuillère à café de maïzena
3 1/2 cuillères à soupe d'huile
1 poivron vert, épépiné, en morceaux de 2,5 cm
2 1/2 cuillères à soupe de sauce soja
15 g de saindoux
1 1/2 cuillère à soupe de pâte de sésame
1 cuillère à soupe d'huile de sésame
1 cuillère à soupe de bouillon ou d'eau
1 cuillère à café de sauce aux piments
1 cuillère à soupe de vin blanc sec

Roulez les morceaux de poulet dans la maïzena. Chauffez l'huile dans une poêle. Ajoutez le poulet, faites sauter à feu vif 45 secondes. Retirez le poulet avec une écumoire.

Mettez le poivron dans la poêle, faites-le sauter à feu moyen 1 minute. Ajoutez 1 cuillère à soupe de sauce soja en remuant, puis poussez le poivron sur un côté de la poêle. Faites fondre le saindoux dans la poêle, puis ajoutez le reste de sauce soja, la pâte de sésame, l'huile de sésame, le bouillon, la sauce aux piments et le vin. Mélangez bien.

Remettez les cubes de poulet dans la poêle, remuez à feu vif pendant 45 secondes. Ramenez le poivron vert au centre, faites cuire encore 30 secondes jusqu'à ce qu'il soit tendre à point. Servez chaud.

Note : les graines de sésame et les produits qu'on en tire — huile et pâte — sont très utilisés en Chine pour leur goût de noisette et leur arôme. Ils se combinent bien avec la sauce soja pour donner un goût savoureux que beaucoup apprécient. On ajoute souvent un peu d'huile de sésame aux soupes, aux pâtes ou aux plats sautés juste avant de servir pour en souligner la saveur.

Salade de poulet pimentée

Bon Bon Ji

300 g de blanc de poulet, sans la peau
1 cœur de laitue

Sauce :
1 cuillère à soupe de pâte de sésame
ou de beurre de cacahouètes
1 cuillère à café d'huile de sésame
1 cuillère à soupe de sauce soja
1 cuillère à soupe de vinaigre
2 cuillères à café de sauce aux piments
1 cuillère à café de sucre

Mettez le blanc de poulet dans une casserole, couvrez d'eau froide. Amenez à ébullition, réduisez le feu et laissez mijoter doucement 10 minutes. Retirez le poulet de la casserole, réservez le liquide. Attendrissez le poulet avec un rouleau à pâtisserie, puis émincez la viande avec les doigts. Laissez refroidir

Coupez la salade en lanières, placez-les sur un plat de service. Disposez le poulet émincé sur la salade.

Dans un bol, mélangez la pâte de sésame avec l'huile, puis ajoutez les autres ingrédients et quelques cuillères à soupe de liquide de cuisson. Versez régulièrement la sauce sur le poulet. Remuez le tout juste avant de servir.

Note : ce plat très apprécié, originaire de Sichuan, est aussi appelé poulet Bang-Bang dans certains restaurants de Pékin parce que la viande de poulet est attendrie avec des coups de rouleau à pâtisserie (*Bon* en chinois).

CHINE

Poulet rouge, chou chinois et champignons braisés (page 27) et poisson en pot de terre (page 41)

Poulet rouge

Hong Shao Ji

*1 coquelet de 750 g
1 cuillère à café de sel
1 cuillère à soupe de sucre
5 cuillères à soupe de sauce soja
3 cuillères à soupe de Siu Sin Chiew
ou de vin blanc sec
1 cuillère à soupe de maïzena
3 cuillères à soupe d'huile
2 tranches de gingembre frais, épluchées
2-3 ciboules, émincées
1 gousse d'ail, pilée
30 cl de bouillon clair (page 12),
de bouillon bien parfumé ou d'eau
500 g de carottes, épluchées, en rondelles
250 g de champignons, essuyés, émincés
coriandre fraîche, pour garnir*

Découpez le coquelet en 20-24 morceaux, sans enlever la peau. Mettez-les dans un bol avec le sel, le sucre, la sauce soja, le vin et la maïzena. Mélangez bien, puis couvrez et laissez mariner 10-15 minutes, en retournant les morceaux une ou deux fois.

Chauffez l'huile dans un wok. Ajoutez le gingembre, les ciboules et l'ail, puis sortez la viande de la marinade avec une écumoire et mettez-la dans le wok. Faites dorer 5 minutes environ en remuant.

Versez la marinade dans le wok, avec le bouillon, amenez à ébullition, puis réduisez le feu et couvrez. Laissez mijoter 25-30 minutes, en remuant de temps en temps pour que les morceaux de poulet n'attachent pas.

Ajoutez les carottes et les champignons. Cuisez à feu vif 10-15 minutes ou jusqu'à ce que le liquide soit presque totalement évaporé. Servez chaud garni de coriandre.

Note : c'est une des façons les plus populaires de préparer le poulet en Chine. Vous pouvez aussi utiliser les morceaux de poulet de votre choix plutôt qu'une volaille entière.

VOLAILLE

CHINE

Desserts

En Chine, le repas ne se termine pas par un dessert : les mets sucrés sont servis entre les repas ou, dans les grandes occasions, entre les plats pour rafraîchir le palais, tout comme on sert parfois des sorbets en Occident. Les Chinois ne mangent pas de pain mais les gâteaux cuits à la vapeur, sucrés ou salés, sont très populaires.

Sorbet au litchi

Lichi Bian Choz Ling

500 g de litchis en boîte
100 g de sucre en poudre
2 cuillères à soupe de jus de citron
2 blancs d'œuf, battus en neige
une fine écorce de lime, pour décorer

Égouttez les litchis et allongez le jus d'eau froide pour obtenir 30 cl de liquide. Dans une casserole, faites-le chauffer doucement avec le sucre jusqu'à dissolution complète, puis amenez à ébullition. Laissez mijoter, sans remuer, 10 minutes puis réservez et laissez refroidir légèrement.

Passez les litchis au mixeur ou au moulin, puis mélangez cette purée avec le sirop de sucre et le jus de citron. Versez dans un récipient peu profond et mettez-le au congélateur 1-2 heures ou jusqu'à ce qu'il soit presque congelé.

Découpez le mélange congelé en petits morceaux et passez-les au mixeur, ou écrasez-les à la fourchette, pour faire disparaître les cristaux. Sans laisser fondre le mélange, incorporez rapidement le blanc d'œuf battu ; versez dans un récipient plus profond et mettez-le au congélateur 2-3 heures ou jusqu'à ce qu'il soit ferme.

Pendant ce temps, faites blanchir l'écorce de lime 2 minutes dans une casserole d'eau bouillante. Égouttez, passez sous l'eau froide, séchez avec du papier absorbant et coupez en fines lamelles.

Retirez le sorbet du congélateur 10 minutes avant de servir. Présentez-le dans des coupes individuelles en verre, garnissez d'écorce de lime. Servez aussitôt, avec des beignets de fruits (page 62) par exemple.
Pour 6 personnes
Note : le goût délicat du litchi, traité ici de façon originale, donne un sorbet très rafraîchissant.

Gelée d'amande

Xingren Doufu

15 g d'agar-agar
4 cuillères à soupe de sucre
30 cl de lait
1 cuillère à café d'essence d'amande
400 g d'abricots ou de fruits mélangés en boîte
50 g de raisin blanc, pelé et épépiné

Faites fondre l'agar-agar dans 30 cl d'eau à feu doux. A part, faites fondre le sucre dans 30 cl d'eau, puis ajoutez l'agar-agar, le lait et l'essence d'amande. Versez ce mélange dans un grand bol de service. Laissez refroidir, puis mettez au réfrigérateur 2-3 heures au moins, jusqu'à ce qu'il soit ferme.

Pour servir, coupez la gelée en petits cubes, mettez dans un bol de service. Versez les fruits et leur sirop sur la gelée, ajoutez les raisins, mélangez bien. Servez frais.

CHINE

Salade de fruits chinoise et gelée d'amande

Bonbons de lotus

Lianzi Geng

500 g de graines de lotus ayant trempé dans de l'eau bouillante 10 minutes, égouttées
1 l d'eau
1 tasse de sucre
2 œufs, battus

Roulez les graines de lotus entre les doigts pour enlever les peaux. Avec un bâtonnet à cocktail, retirez le bourgeon vert.

Amenez l'eau à ébullition. Ajoutez le sucre, remuez pour le faire fondre. Ajoutez les graines de lotus, laissez mijoter 40 minutes.

Versez peu à peu les œufs, en remuant. Lorsque l'œuf a pris, versez dans un plat de service, servez chaud.
Note : les graines de lotus, au goût délicat, sont vendues en boîte. On les sert fraîches, confites ou comme garniture de pâtisserie.

Salade de fruits chinoise

Shuiguo Shala

1 gros melon, coupé en deux, épépiné
4-5 sortes de fruits, frais et en boîte,
avec le sirop des boîtes

Coupez la chair du melon en petits morceaux. Réservez l'écorce.

Préparez les autres fruits, en les laissant entiers s'ils sont petits, en les coupant en rondelles ou en petits morceaux s'ils sont gros.

Mélangez le melon avec les fruits et leur sirop. Remplissez l'écorce de melon de ce mélange, couvrez bien avec un film alimentaire. Mettez au réfrigérateur 2 heures au moins avant de servir.
Note : vous pouvez utiliser des kiwis, des litchis, des fraises, de l'ananas, des poires, des pommes, des pêches, du raisin, des cerises et des mandarines. Pour une belle présentation, combinez au moins 4 fruits différents.

DESSERTS

Beignets de fruits
Basi Shuiguo

*2 grosses pommes fermes
2 bananes moyennes
1 œuf
4 cuillères à soupe de maïzena
60 cl d'huile pour friture
100 g de sucre
3 cuillères à soupe d'huile de sésame
1 cuillère à soupe de graines de sésame
tranches de lime et de banane pour servir*

Épluchez les pommes, enlevez le cœur, coupez chaque fruit en huit. Épluchez les bananes, coupez-les en deux en longueur, coupez ensuite chaque moitié en 3-4 morceaux. Battez l'œuf dans un bol, ajoutez la maïzena et assez d'eau froide pour faire une pâte lisse.

Chauffez l'huile dans un wok, trempez chaque morceau de fruit dans la pâte, faites frire 2-3 minutes. Ôtez de la friture avec une écumoire, égouttez. Faites chauffer à feux doux le sucre et l'huile de sésame dans une casserole à fond épais 5 minutes, ajoutez 3 cuillères à soupe d'eau, remuez encore 2 minutes. Ajoutez les beignets de fruit ainsi que les graines de sésame, remuez lentement pour enrober chaque beignet de sirop. Dès que le sirop est caramélisé, enlevez les beignets et plongez-les dans un grand bol d'eau froide pour faire durcir le caramel.

Pour servir, disposez les beignets sur un plat, décorez de tranches de banane et de lime. Servez chaud ou froid.
Pour 8 personnes
Remarque : les beignets de fruit sont sans aucun doute l'un des desserts les plus réputés des restaurants pékinois. Les pommes et les bananes sont les fruits les plus employés, mais on peut utiliser tout autre fruit à chair ferme, frais ou en boîte, ananas par exemple. Ces beignets sont délicieusement croustillants à l'extérieur et tendres à l'intérieur.

Gâteau aux châtaignes d'eau
Mati Gao

*150 g de farine de châtaignes d'eau
35 cl d'eau
500 g de châtaignes d'eau, épluchées (fraîches)
ou égouttées (en boîte)
40 g de saindoux
15 cl de lait
275 g de sucre*

Tamisez la farine de châtaignes dans un bol, ajoutez peu à peu la moitié de l'eau. Battez pour obtenir une pâte lisse et souple.

Hachez les châtaignes, mettez-les dans une casserole avec le saindoux, le lait, le sucre et le reste d'eau. Amenez à ébullition, en remuant. Ajoutez un tiers de la pâte, remuez jusqu'à reprise de l'ébullition. Retirez du feu, laissez refroidir 2 minutes. Ajoutez peu à peu le reste de pâte en battant bien. Huilez au pinceau un moule à gâteau profond et carré de 20 cm de côté. Versez la pâte dans le moule. Recouvrez le moule de papier aluminium ou sulfurisé, fixé avec une ficelle. Mettez le moule dans une grande casserole à demi remplie d'eau. Couvrez la casserole, faites cuire à la vapeur 25-30 minutes. Laissez refroidir le gâteau avant de le démouler.

Servez froid, coupé en tranches. Vous pouvez aussi faire frire les tranches de gâteau dans un peu d'huile pour qu'elles soient dorées des deux côtés ; égouttez-les sur du papier absorbant et servez aussitôt.
Pour un gâteau de 20 cm

Crème meringuée
Meixue Zhengchun

*6 pommes
6 bananes
2 citrons
6 œufs, jaunes et blancs séparés
350 g de sucre
9 cuillères à soupe de lait
9 cuillères à soupe de maïzena
une écorce fine de lime, pour décorer*

Épluchez les pommes, enlevez le cœur, coupez-les en lamelles. Épluchez les bananes, coupez-les en lamelles. Réservez l'écorce d'un citron. Pressez le jus des deux citrons. Disposez les pommes et les bananes en couches alternées dans 12 plats à four individuels, en aspergeant chaque couche de jus de citron.

Mettez les jaunes d'œufs dans une casserole à fond épais avec le sucre, le lait, la maïzena et 15 cl d'eau froide. Remuez bien pour mélanger, puis faites chauffer très doucement, en remuant sans cesse.

Versez cette crème sur les fruits. Battez les blancs d'œufs en neige ferme et étalez-les sur la crème. Faites cuire au four (220 °C, thermostat 7) 5 minutes ou jusqu'à ce que la partie supérieure soit dorée. Sortez les plats du four, laissez refroidir complètement.

Pendant ce temps, plongez les écorces de citron et de lime dans une casserole d'eau bouillante, laissez blanchir 2 minutes. Égouttez, passez sous l'eau froide, séchez avec du papier absorbant et découpez en lamelles fines. Garnissez-en régulièrement le dessus du dessert froid et servez.
Pour 12 personnes
Note : le véritable nom de ce dessert est « Fleurs de pruniers et neige de printemps ». Le fruit symbolise les premières fleurs du printemps, les blancs d'œufs évoquent les dernières neiges laissées par l'hiver. C'est un dessert parfait pour une réception.

CHINE

Gâteau aux huit trésors

Babao Fan

*250 g de riz gluant
40 g de saindoux
2 cuillères à soupe de sucre
30 raisins secs
10 cerneaux de noix, hachés
250 g de purée de châtaignes sucrée ou de pâte de haricots rouges, en boîte
4 cerises confites, coupées en deux
4 morceaux d'angélique confite
12 dattes sèches, dénoyautées*

*Sirop :
3 cuillères à soupe de sucre
30 cl d'eau froide
1 cuillère à soupe de maïzena, délayée avec 2 cuillères à soupe d'eau*

Recouvrez le riz d'eau, amenez à ébullition. Réduisez le feu, couvrez hermétiquement, laissez cuire 10-15 minutes ou jusqu'à absorption de l'eau. Ajoutez 25 g de saindoux et le sucre. Mélangez bien.

Graissez un moule à manqué avec le reste du saindoux. Tapissez de riz le fond et les côtés du moule. Mélangez les raisins et les noix, disposez sur le riz.

Recouvrez-les d'une autre couche de riz, plus épaisse cette fois. Remplissez le centre avec la purée de châtaignes, couvrez avec le reste de riz. Appuyez doucement pour aplatir le gâteau. Démoulez soigneusement sur un plat. Décorez de cerises confites, d'angélique et de dattes. Remettez le moule sur le gâteau. Retournez-le et retirez le plat. Couvrez avec du papier sulfurisé maintenu en place avec de la ficelle.

Faites cuire la gâteau à la vapeur 1 heure. En fin de cuisson, faites fondre le sucre dans l'eau, amenez à ébullition. Ajoutez la pâte de maïzena, gardez à petit feu, en remuant, jusqu'à épaississement du mélange.

Renversez le gâteau sur un plat de service chaud. Nappez de sirop, servez aussitôt.

Pour 6-8 personnes

Note : à l'occasion du Nouvel An chinois, on sert souvent ce gâteau, décoré avec huit fruits secs différents, supposés représenter les huit charmes qui éloigneront les mauvais esprits. Cette recette est une version légèrement modifiée, car certains de ces fruits sont difficiles à trouver en France.

Gâteau aux huit trésors

DESSERTS

Index

Agneau de Pékin 37
Algues croquantes 15
Aubergines et porc sauce piquante 34
Beignets à l'huile rouge 37
Beignets de fruits 62
Bœuf aux carottes 38
Bœuf aux mange-tout 35
Bonbons de lotus 61
Bouillon clair 12
Boulettes de crevettes 47
Boulettes de viande 30
Canard aux amandes 51
Canard braisé 52
Canard craquant 52
Canard de Chang-Hai aux ignames 54
Canard en brochettes 54
Canard fumé du Sichuan 53
Canard laqué 50
Canard rôti cantonnais 52
Chou chinois et champignons braisés 27
Cinq-fleurs 36
Concombre aigre-doux 24
Côtelettes de porc aux cinq épices 15
Courgettes sautées aux champignons 28
Crabes sautés 48
Crème meringuée 62
Crêpes Mandarin 51
Crevettes frites à l'aigre-douce 49
Crevettes pochées sauce piquante 46
Crevettes roses aux asperges 45
Crevettes sautées aux châtaignes d'eau 49
Fèves sautées 29
Fleur d'or et arbre de jade 54
Foie sauté 39
Foie sauté aux épinards 38
Fou Yung aux crevettes 48
Fourmis sur des arbres 23
Fruits de mer aux légumes 46
Gâteau aux huit trésors 63
Gâteau aux châtaignes d'eau 62
Gelée d'amande 60
Germes de soja au concombre 27
Germes de soja et haricots verts frits 25
Gigot d'agneau épicé 37
Gruau de chou-fleur 13
Hachis aux germes de soja 31
Haricots verts sautés 26
Huîtres frites 49
Hun-tun frits 18
Jambon aux graines de lotus 30
Langoustines aux brocolis 46
Légumes sautés 28
Nouilles au sésame 21
Nouilles frites 23
Œufs à la vapeur 18
Œufs braisés 18

Petits rouleaux de viande 15
Poisson à la pékinoise 44
Poisson à la sauce rouge 45
Poisson à l'aigre-douce 44
Poisson cantonais 43
Poisson en papillottes 45
Poisson en pot de terre 41
Poisson fumé de Chang-Hai 42
Poisson sauce soja 42
Poisson sauté au gingembre 40
Poivron vert sauté au porc 36
Porc au maïs 32
Porc aux pousses de bambou 34
Porc bouilli à la racine de lotus 34
Porc cantonais 33
Porc émincé aux œufs 18
Porc et légumes sautés 33
Porc frit aux vermicelles de soja 21
Porc laqué 31
Porc Mu-Hsu 33
Porc rouge 34
Porc sauté au soja 32
Poulet à la sauce de poisson 56
Poulet aux noix sauce piquante 57
Poulet en huit morceaux 56
Poulet entier rôti 56
Poulet rouge 59
Poulet sauté au sésame 58
Queue de bœuf à la mandarine 38
Ragoût de poulet aux châtaignes 56
Ragoût végétarien 27
Riz à l'eau 20
Riz frit spécial 20
Rouleaux au crabe 19
Salade d'aubergines rafraîchies 28
Salade d'épinards 27
Salade de fruits chinoise 61
Salade de légumes à la chinoise 26
Salade de poulet pimentée 58
Salade de soja 25
Sole aux champignons 44
Sorbet au litchi 60
Soupe aigre-douce 17
Soupe au canard et au chou 12
Soupe au porc et au concombre 14
Soupe au porc et aux nouilles 23
Soupe au tofu et au porc 16
Soupe aux huit trésors 13
Soupe aux moules et au tofu 14
Soupe aux nouilles 22
Soupe de poisson au cresson 16
Soupe au riz grésillant 16
Tofu braisé 24
Tofu sauce pimentée 38
Tofu sauté au porc et au chou 28
Trois champignons à la sauce d'huîtres 29